中华传统艺术教育系列

倪建林 主编

ZHONGHUA CHUANTONG YISHU JIAOYU XILIE

ZHONGHUA CHUANTONG YISHU JIAOYU XILIE

画像石艺术：砖石精神

刘宗超 著

西南师范大学出版社
XINAN SHIFAN DAXUE CHUBANSHE

序

在文化多元化的当今时代，人们对艺术的热情也几乎达到了历史的顶峰。每年数十万的艺术类高考大军浩浩荡荡，不要说在中国历史上没有过，即使是在人类历史上恐怕也是少有的奇观。当然这只是一个方面，而且其中还有泡沫，艺术成了踏进大学的一扇侧门。我们再看各种艺术品热火朝天的拍卖，一个个天文数字不知触动了多少“热爱”艺术的人的心。在一些“精明的”、具有“商业”头脑的人的心目中，艺术品成了只升不贬的股票，尽管其中充斥着大量毫无艺术价值可言的“废纸”，而使其快速升值的最佳方法就是炒作，这倒是让全社会的人都开始关注艺术了，这究竟是对艺术的崇敬还是对艺术的亵渎？抑或与艺术本身并没有什么关系？真正的艺术家只顾埋头耕耘在自己的艺术世界之中，并不会太在意那些泡沫和“股票”，执著是艺术家的基本素质，尽管执著的人未必都能成为大师，但大师却一定是执著的，这一点早已被艺术史所证实。因此我们也同样能够看到那些真正热爱艺术的艺术家们在满足着自己创造欲的同时，也在为人类创造着精神财富。看到众多暂时抛却功利的人们真正从艺术中获得精神享受的同时，也使自己的人格获得了提升，艺术的真谛其实也已经蕴含其间了。对于艺术而言，再也没有什么比美更重要更本质的了，美只有用心灵才能创造出来，同样也只有用心灵才能与之沟通。美的价值几何，得问心灵的价值几何，回答只能是：无可估量。

艺术的价值是无可估量的，其中原因之一是它能在人间闪烁光辉成千上万年，或者说它是不朽的。数万年前的原始岩画不是至今依然散发着熠熠光彩吗？原始的彩陶、三代的青铜器、秦汉的漆器和画像石、隋唐的壁画、宋代的绘画和瓷器等等，作为物质形态的艺术品，或许我们可以随行就市地给出一个货币的价格，但价格绝不等同于艺术的价值，这一点是毫无争议的。这种具有永恒意义的价值，在很大程度上是与创造者的观念、智慧和技能相联系，并将三者凝聚为抽象的精神意义上的“美”。这种“美”所施于人的是一种精神上的感受。审美是人区别于其他动物的特征之一，因此它既是人所独有也是人之必需。人之于艺术犹如动物之于饮食。丰子恺曾将艺术比作“精神的粮食”，既然是粮食就是生存之必需，没有了物质的粮食，人类就会因饥饿而亡；没有了精神的粮食，人类就将成为与其他动物无异的行尸走肉，也就丧失了人之本质了。由此可见艺术对于人的价值之重要。

当然，艺术决不仅仅是少数几个艺术家画几张画或者唱两首歌那么简单，更不是与大多数人无关的貌似神圣的东西那么高高在上，而是渗透在我们日常生活的方方面面，渗透在我们忙碌的工作或悠闲的业余生活之中。在古代社会，上至帝王将相，下至庶民百姓，艺术的形式虽有不同，但享受艺术的欲望却是相同的。在当今社会，人们更是平等享有享受艺术的权利。同时，所有古代的艺术品(无论当时有着怎样的等级限制)都已成为全社会的财富，人人都可以从中获得艺术的享受。那些面向全社会开放的各种博物馆、美术馆等专门陈列和展示艺术品的场所便是享受艺术的集中地。

尽管人人都有享受艺术、欣赏艺术的欲望和权利，但并非人人都能读懂艺术，都能最大限度地感受艺术的魅力；或者当面对艺术品时，内心能够体验到美的撞击，却不知如何言说。当然，更多的人面对古代艺术品却因为时间相隔久远而难以理解，这里就涉及到对艺术、艺术品和时代背景等方面知识的了解和掌握程度了。最初的艺术是人类因本能的欲望而被创造出来的，一旦被创造出来便成为了文明的一部分。在数千乃至上万年的发展中，人类的文明已是灿烂辉煌、蔚为壮观了，正如马克思在其《1844 年经济学哲学手稿》中所言，“后人要想从这笔巨大的财富中获得艺术的享受，那你就必须是一个有艺术修养的人”。如果要听懂音乐，就要先有“音乐感的耳朵”；要想看懂美术作品，就要有“能感受形式美的眼睛”。从这里我们可以看到他所强调的两个内容，一是修养，二是感觉力。其实这两者是相辅相成的两个方面，一内一外，一偏理性，一偏感性。举例说，我们面对一件彩陶作品，知道这是原始祖先在极其简陋和艰难的条件下所创造出来的一件实用品，其造型有着非常实用的功能，其纹饰既显现了原始祖先的审美观念，也隐含着我们至今仍然难以破解的内涵和意义，更重要的是，其上的装饰奠定了未来数千年视觉艺术创造中所遵循的形式美的基础。有了这样的认识，再去观照一件貌似很平常的原始彩陶器皿的时候，我们自然就会抱着肃然起敬的心态去欣赏它了，眼前也不再只是一只破旧的陶罐而已了。欣赏古代的绘画作品也是同样的道理。这就是我们编写这套丛书的初衷所在。

从大的方面讲，艺术就像是人体内流淌的血液，渗透在人生的方方面面。其形式与内容也是纷繁多样，并且还在衍生出更多新的形态。整个古代的艺术，我们可以将它分为三个基本层次来观察，即宫廷艺术、文人艺术和民间艺术。这三个艺术层次在创作目的、艺术风格和艺术内容方面存在着诸多的不同。简单地讲，宫廷贵族们的艺术追求华贵奢侈，显示权势与财富；文人们通过艺术抒发胸中之逸气，追求雅致和超然之气；民间百姓则通过艺术表达他们最为朴素和真挚的情感，美化生活。民间艺术虽是最基础的层次，但却是蕴育其他层次艺术的土壤，所以我们将其比作“一切艺术之母”。她就像一位慈祥的母亲，儿女们虽已长大自立门户，甚至考取了功名而变得声名显赫，而这位慈祥的老母却仍然一如既往地耕耘在田间地头，无怨无悔，这是多么伟大的身影啊！可惜的是却有升官发财后忘了娘的不孝子存在。不是吗？看不起民间艺术的“艺术家”恐怕并不少。追溯其原因，不懂得艺术诸层次之关系，不懂得艺术的本质究竟是什么，恐怕这才是最重要的两个方面。

从造型艺术发展演变的脉络来看，从人类原始时代起，在相当长的时间里其主要是以实用艺术的形态而存在的；或者说，人类在艺术创造方面的欲望和需求主要是通过实用物为载体的，如建筑的装饰、器物的造型与装饰等等。等到纯粹欣赏性的艺术从实用的艺术中分离出来并独立发展时，在中国已是魏晋以后的事了。在这之前的艺术大多属于装饰艺术的范畴。

艺术的分类是一门学问，分类的方式有多种，一般来说，无论如何分类，总是要有一个基本的统一标准。本丛书先完成的是造型艺术的两个系列共十个类别，即传统工艺美术系列的印染织绣艺术、玉器艺术、漆器艺术、青铜器艺术、陶瓷艺术，传统美术系列的壁画艺术、画像石艺术、中国画艺术、书法艺术和雕塑艺术。这样的分类并不是严格的分类学意义上的分类，也没有包罗中国传统造型艺术的全部，而更多的是为了撰写的方便。

这里有一个观念性的问题是需要先明确的，那就是艺术的门类与整体的关系问题。我们虽然将传统的造型艺术分成十个类别来加以介绍，但这并不表示各门类艺术的发展是完全独立的、彼此没有关联的，相反，不同形态的艺术都是整体的各个部分，都是建立在人这一主体之上的。它们的发生可能有先有后，在发展的过程中也往往存在着一定的时代性，或盛或衰，步调并非一致，甚至互为前提，此消彼长。但在它们的背后有一个看不见的规律在起作用，这也正是我们要特别给予关注的。懂得了艺术发展的内在规律，将个别的艺术品还原到其特定的背景之中作综合性的思考，就能让你在欣赏艺术作品时由表及里，艺术品的优劣和价值的高低才有可能被揭示。在此基础上再对其进行审美的观照时，我们所获得的精神上的享受才会更大，对于艺术本质的理解也将大有裨益。

倪建林

于金陵

目录

引　言

传统画像石艺术是我国独特的艺术样式和丰厚的精神财富。其实,它本身不是绘画,只是刻有图像的建筑装饰石质构件。从制作方式上看,有的接近于绘画,有的为浅浮雕,可以说是古代祠堂、墓室等石质构件上的石刻装饰画。我们现在看到的多是画像石的拓片,经过捶拓转换,拓片其实已经不是作品的原样了。不过,也正是由于拓片的形式特点,使我们便于看到更多的图像信息和其中的古厚气象。所以,画像石拓片兼具版画和雕刻的特点,是一种非常独特的艺术样式。

画像石,开始于西汉,盛行于东汉,是汉代最独特的艺术样式之一。汉代之后,中国绘画艺术由觉醒逐渐走向成熟,汉画像石被壁画、石刻线画所代替,这一艺术样式迅速衰弱下去,所以,我们今天所说的传统画像石艺术基本上指的是汉代的画像石。与画像石最近似的艺术样式是画像砖。画像砖是我国古代用于装饰宫殿或墓壁的一种表面有图像的建筑用砖,一般认为始于战国晚期,盛于汉代,三国两晋南北朝时期继续流行,且取得很高的成就。在形式上表现为阳刻线条、阳刻平面、浅浮雕等因素的结合,一般用木模压制,亦有直接创在砖上的,有的施加彩色,侧面有方形和长方形等形式,多数为每砖一幅画面,亦有上下分两个画面的,还有数砖拼砌成一个画面的。

画像石和画像砖的内容有历史人物、神仙故事、社会生产和生活等图像，可谓包罗万象。已故著名史学家翦伯赞先生非常重视汉画像石的历史资料价值，他认为"除了古人的遗物以外，再没有一种史料比绘画、雕刻更能反映出历史上的社会之具体的形象。同时，在中国历史上，也再没有一个时代比汉代更好在石板上刻出当时现实生活的形式和流行的故事来"。"这些石刻画像假如把它们有系统的搜集起来，几乎可以成为一部绣像的汉代史。"[①]因此，画像石艺术是考察、研究中国古代社会和艺术发展的珍贵资料，具有很高的史料价值和艺术价值。表面上看，现实世界的一切客观事物以及存在于历史、观念、信仰中的意象，汉代的艺术创造者似乎都想通过各种材料赋予它们形象。但是，我们不能忽视的是，现在所看到的图像艺术品基本属于墓葬性艺术，由于制作环境神秘而敬畏，创造者不会随意而为，必定通过特定图像赋予它们特定的观念意义。因此，这一样式也就成为我们窥探时代精神、风俗习惯的形象直观的材料。

人们多把汉代的造型艺术风格归结为一种阳刚之气，其实，这种美学风格的形成在相当程度上得力于石材的广泛运用。"从金石学的角度来看，商、周是有金而无石，汉代以后是石盛而金衰。这一判断也符合美术的情况。记载中虽有战国赵鞅摩崖刻画图像和留存至今的战国石雕板、秦代刻石，但也只是运用石头创作艺术品的零星例子。将石头这一材料的特性真正的挖掘出来并使石头完全发挥它的艺术表现力，是汉代完成的。这一情况也适用于砖。"[②]从这个角度说，汉代造型艺术品可以称之为"砖石艺术"。汉代实用书写活动普遍使用的是帛和简牍（竹简和木简），这是对前代使用方式的直接继承，当然，纸在西汉就已经发明并使用，东汉末年就有了书法用纸。有记载说："东汉末赵岐在《三辅决录》中引韦诞奏言：'工欲善其事，必先利其器，用张芝笔、左伯纸及臣墨，兼此三具，又得巨手，然后可逞径丈之势，方寸千言。'"[③]但是，纸张的广泛使用不在汉代，而是在魏晋以后。总之，砖石的广泛运用堪称汉代艺术创造的重要特点之一。文字艺术中的碑刻，图像艺术中的画像石、画像砖所取得的高度艺术成就，证明了石材对汉代造型艺术的独特意义。

艺术创造终究是一种实践活动，要借助物质材料"把意象物态化"。而每一种艺术形式都需要有某种艺术技巧，艺术技巧就是艺术家在艺术实践中对艺术材料和媒介掌握、运用的实际本领。汉代画像石艺术在发展过程中积累形成了形式创造的丰富技巧经验，这也是我们解读时需要用心领会的。

大致而言，对画像石艺术的欣赏和解读有两大方面：对其独特艺术形式的欣赏，感悟其直观的美；对其图像内容、意义的发掘与破解，探究形式背后的精神因素。这两个方面的解读是应该兼顾的。

① 翦伯赞：《秦汉史》序，北京大学出版社 1983 年版，第 5 页。

② 顾森：《秦汉绘画史》，人民美术出版社 2000 年版，第 176 页。

③ 华人德：《中国书法史·两汉卷》，江苏教育出版社 1999 年版，第 219 页。

一　浑然一体
——汉画像石的整体观念

中国古代的建筑多为土木结构，由于时代久远，沧桑巨变，秦汉时代地面的建筑随着墙倒屋塌，留下的多是秦砖汉瓦，当时地面上现实生活中的艺术品已经十分少见，或只留下一些零星记载。而当时“隐性”的地下墓葬艺术品却不断地显现出来，尤其是随着现代考古学的发展，科学考古所发现的大量遗迹和遗物成为我们认识当时艺术和社会的最重要途径。汉代画像石便是我们今天认识汉代艺术和社会的绝佳样式。

汉画像石存在于汉代的墓室、祠堂、石阙、摩崖等载体上，对现在发现的汉画像石的认识，我们应该以整体的、系统的观念去解读它，尽量设想、还原其本来的存在环境，才有可能减少误读。

汉代人要通过墓室建造、地上祭祀性建筑及其他一系列的造型活动，再造一个供死去的灵魂生存的世界。在汉代人看来，墓地和祠堂是“鬼神所在，祭祀之处”（王充《论衡·四讳篇》），整个墓地“崇栋广宇”，环境如生时模样，非常讲究。墓地一般有高大封土，前面有祠堂，有双阙，有的还有寝庙。有学者考察，汉代的墓上祠堂至少有“祠堂”、“庙祠”、“食堂”、“斋祠”或“食斋祠”四种称呼。

汉代的墓葬有着鲜明的等级和规模。帝陵的形制规模宏大，前有

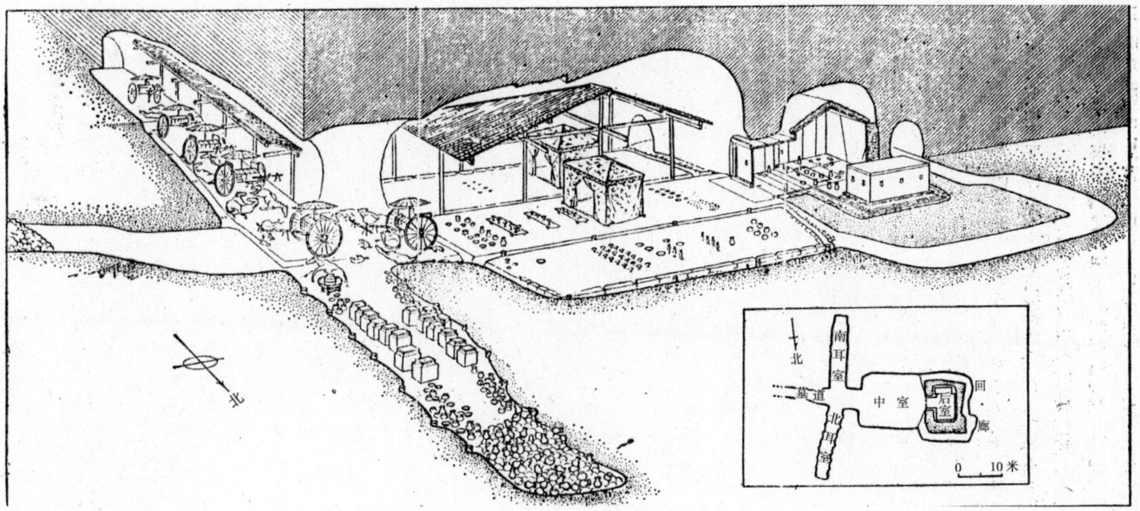

图 1-1 河北满城刘胜墓复原图

“庙”,后有“寝”,“庙”相等于国君生时所用的“朝”,供奉灵位,“寝”模仿国君生时所用的“寝”,陈列衣冠、几杖等生时器具。除帝陵外,还有诸侯王和列侯陵墓、中小层官吏的墓葬、普通百姓的墓葬。从考古发现来看,西汉诸侯王墓主要为凿挖山体的崖洞横穴墓或“黄肠题凑”的竖穴墓。东汉有十二座帝陵,至今未找到东汉帝陵的具体位置。帝陵和诸侯王陵的营造非常奢侈,以巨大的陵墓规模显示非凡气魄,里面一般还要用金缕玉衣包裹尸体,或以雕塑的兵马俑、华贵的形形色色的工艺品作陪葬,但是还未见室内使用画像石、画像砖或在石壁上涂绘壁画的帝陵和诸侯王陵。

帝陵、诸侯王及列侯的墓室建造也是对人世环境的模仿。例如诸侯王在开阔的墓室洞穴内建有模仿人世的瓦顶木构房屋。在中山靖王刘胜墓(图 1-1)和王后窦绾墓以及徐州龟山楚襄王刘注夫妇墓内,就发现有建筑用的瓦片,说明当时的洞穴内还有瓦顶房屋。马王堆一号墓是西汉长沙国丞相、第一代轪侯夫人的墓,系竖穴棺椁墓,椁室边箱的布局就是对生时宅第的模拟:头箱象征主人生前居住的地方,四壁张挂着丝织品的帷幔,室内地面铺陈竹席,中间部位陈放宴享用品,西部陈放起居用具,东部有着衣女侍俑、着衣歌舞俑和彩绘木俑。东、南边箱是管家、奴婢听候呼唤差遣的地方。

当然,最能代表汉代墓室艺术特色的是大量的画像石墓(包括壁画墓)。墓葬的主人大多是中下层官吏或豪强地主,在史书上找不到他们的名字,为他们制作墓室,装饰墓室的艺人,即便偶尔在“作品”上留下姓名,也是当时没有什么地位的“良匠”,属于地道的平民百姓。然而恰恰是

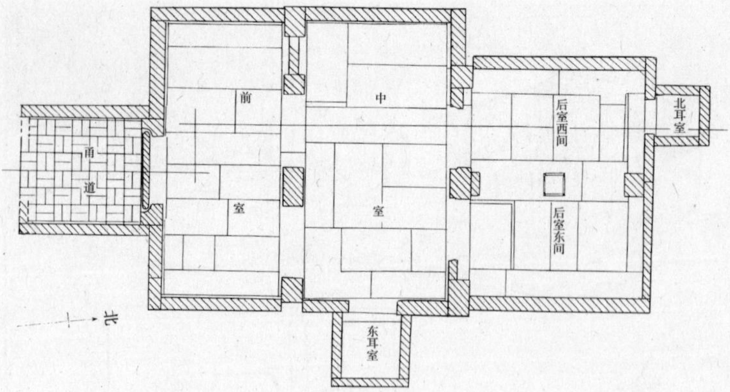

安丘汉墓平面图

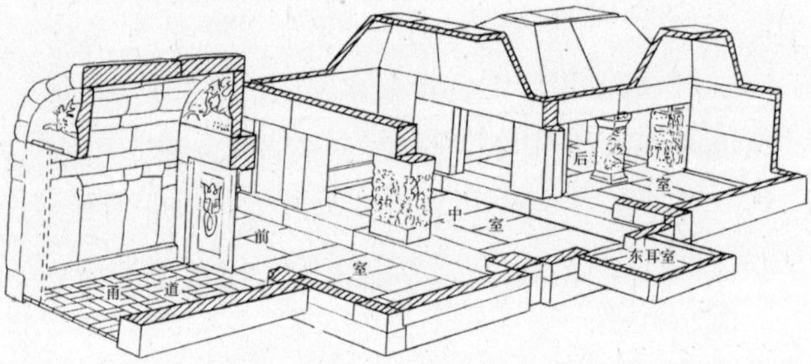

安丘汉墓透视图

图 1–2　安丘董家庄画像石墓结构示意图

这些人以及他们创造的墓室艺术，表现了汉代社会最广泛阶层的人们的精神生活和审美情趣；同时他们通过作品悄悄引导着更多的人，成为建构汉代社会艺术精神的主要力量。

中下层官吏和豪强地主往往营造三室或多室的画像石墓，多方描绘、刻画以象征人间居所。而成熟期的墓室构造则整个模仿人间的居住环境，有前室、中室、后室(寝室)，后室有棺椁，棺椁往往又加以雕刻、涂绘。在当时人的观念里，已经把墓室称作“宅”、“室”、“室宅”。如陕西米脂牛文明画像石墓有“永初元年九月十六日牛文明千万岁室”的题记；绥德王得元墓有“永元十二年四月八日王得元室宅”的题记；河南唐河辛店冯孺久画像石墓，墓室门侧有“郁平大尹冯君孺久车库”、“郁平大尹冯君孺久藏阁”的称谓。一切均有现实生活的依据。安丘董家庄画像石墓(图 1–2) 是东汉后期一座完整的大型画像石墓，1959 年发掘后将石墓拆迁至别处依照原样复原保存。墓室面向南方，长 14.3 米，宽 7.91 米，高约 2.7 米，墓室以石材砌成，结构分为甬道、墓门、前室、中室、后室等部分。其中，后室由立柱、隔梁分成东西两间，西后室北壁向后设一小室，中室中侧设一耳室，甬道为券顶，前、中、后三室均为覆斗式顶，北耳室、东耳室为平顶。整个墓室内除甬道和耳室部分外，共有画像石 103 块，刻的是图像和花纹，从内容上说，天界、仙界、人间世界及冥界均有。整个墓室结构完整合理，雕梁画栋，图像繁多，气势充沛，宛然一个小宇宙。

图 1-3　三足乌与九尾狐　河南郑州新通桥空心砖墓画像

总之，汉代墓室和墓上建筑均按"事死如事生"的观念建造，整个世界是完整的，有天地万物、社会生活和冥界图像。每个小系统就是整个墓葬环境的有机组成部分，在古人看来，那是一个不可分割的整体。从这种角度说，今人所谓的画像石、画像砖、帛画、漆画、壁画、墓室雕塑等，只不过是整个墓室系统的一部分，门类只是为后人研究方便而划分出来的。汉代墓室的完整性，使得今天我们所言的汉代画像石艺术具有追求和表现时空完整性的特点。翦伯赞所说的"有系统的搜集"的观点更显出学术眼光的敏锐。

事实上，由于以往画像石保存和发现上的诸多问题，使我们今天所见画像石多数处于"零散"状态，某一块画像石存在的图像上的系统关系往往很难完整保存下来。如果不考虑某一图像在原存在环境"系统"中的意义，只对孤零零的一块画像石的图像主观臆测，就有可能望文生义，作出错误的解读和结论。著名艺术学家张道一曾在《汉画故事》一书中生动地讲到这样一个故事：

20 世纪 60 年代有人撰文介绍出土于河南郑州的一块画像砖（图 1-3），当时那篇文章的作者由于只看到一只乌鸦站在枝头，树下是一只仰头的狐狸，于是便认为这一图像就是两千年前所表现的《伊索寓言》中《乌鸦与狐狸》的故事。其实，《伊索寓言》是世界最早的寓言集，是古希腊、古罗马时代流传下来的故事，经后人汇集，统归在伊索名下。相传伊索是公元前 6 世纪古希腊人，善于讲动物故事。虽然可以说现存《伊索寓言》中的许多故事几乎家喻户晓，可问题是晚于它几百年的汉人早就已经知道了《乌鸦与狐狸》的故事吗？事情有些不可思议。张道一先生分析道："画面中的乌鸦和狐狸并非是伊索寓言，而是我国古代神话中为西王母寻食的两个使者——'三足乌'和'九尾狐'。三足乌也是太阳的象征，九尾狐也曾帮助过治水有功的夏禹。这都是神话中的细节，他们相互之间是没有联系的。我们看那画面，仔细观察便会发现，乌鸦是三只足，狐狸是九条尾巴，因为他们是另一个世界的精灵。最有趣的是狐狸的九条尾巴，其造型是很难处理的。可是它们的作者非常聪明，不是将九条尾巴并列，而是将一条大尾巴分了九个叉。在汉画像石上三足乌和九尾狐的形象很多，是与伊索毫无关系的。是那位介绍者搞错了。"①

① 张道一：《汉画故事》，重庆大学出版社 2006 年版，第 8 页。

图 1–4　山东嘉祥洪山村出土画像石(局部)

图 1–5　江苏徐州洪楼村出土的祠堂隔梁石画像

其实,在画像石的图像系统中,图像元素往往带有一种符号性。例如,以西王母、东王公为代表的仙界部分的图像系统就是约定俗成的一组图像,西王母、东王公一般各自居中而坐,其形象的旁边就常配有跪伏求仙药的人物、捣药的玉兔、蟾蜍、三足乌、羽人、九尾狐等图像。(图 1–4)只要有这种系统的整体的观念和知识,看到三足乌和九尾狐的类似图像时,便不会轻言那是《伊索寓言》中《乌鸦与狐狸》的故事了。

不以整体的、系统的观念和方法看待画像石的图像系统,很容易造成对画像石的误读。我们来看下面两幅有些类似的画像石图像。

图 1–5 是 1956 年江苏徐州洪楼村出土的祠堂隔梁石画像。画面自左至右依次为:一人执盾持剑与另一人配合生缚一猛虎;一身形彪悍之人正拔一树,树干底部已经折弯;一戴羽冠之人手牵一尾巴倒背的巨兽正大踏步向拔树之人走来;在他的身后紧跟三人,一人手举鼎状物于头上,一人双手抱一只似鹿的动物,一人双手抱壶。对于这一画像石,有的专著标注为"七力士画像",还有专著直接标注为"练力图",解释说那是汉代人的体育运动场景。这让人觉得有些莫名其妙,为什么汉人专选缚兽、拔树、举鼎这样诡异的动作"练力"?按现在的思维是解释不通的。

无独有偶,山东嘉祥武氏祠有一画像石图像与此类似。图 1–6 的画面自左至右依次为:图像最左面有回首的猛虎和奔跑的猛兽,似乎要与人搏斗;有人奋力手抓牛尾;有人奋力手抓猪腿;画面中央图像与图 1–5 很相近,一人拔树,一人左肩扛虎,其右手拽着另一虎的一条腿;后一人左手拉一虎腿右肩背一大牛,牛腹面天;他们两位附近奔跑着两条猎犬,后有一人骑马赶来。如

图 1-6　山东嘉祥武氏祠石室天井前坡西段第四层画像

果按上面“力士画像”或“练力图”的解释也让人觉得莫名其妙。日本汉画研究学者林巳奈夫经过考证也无可奈何的认为：“现在的问题是，没有与(图像中)一群力士相关的任何线索。这一图像故事主人公们的固有名词现在尚无法找到。”(林巳奈夫《汉代的鬼神世界》)

对某一图像孤立的解释往往难以自圆其说。如果我们把以上两件画像石的出现位置加以还原考虑的话，可能会得出另一种解释。图 1-5 在形制上看得出是祠堂隔梁石画像，一般处于整块画像石的最顶端部分，这个位置一般属于天界图像和仙界图像的位置。图 1-6 是山东嘉祥武氏祠石室天井前坡西段位置，处于天界诸神的方位。所以我们不能把其中人物看成一般人间世界的力士形象，更不能把石画像中的内容理解为当时社会体育活动的反映。画像中的人物可能作为天神形象更合理一些。它反映的大概是当时楚地的风俗和传说，相关描述可以在《楚辞·招魂》中找到根据：

魂兮归来，君无上天些。虎豹九关，啄害下人些。一夫九首，拔木九千些。豺狼从目，往来侁侁些。

魂兮归来，君无下此幽都些。土伯九约，其角觺觺些。敦脄血拇，逐人駓駓些。参目虎首，其身若牛些。

啄害下人的神兽、拔木九千的九首神、往来的豺狼等意象与以上画像石图像是颇有吻合之处的。这类画像渲染的是魂灵所处的有些恐怖的神界景象，并非是现实世界生活的真实反映，所以不能按人世图像强作解释。

由于“事死如事生”观念的存在，墓葬图像本应该是完整的，只有完整的图像系统，才能作为我们探讨当时天人宇宙模式的典型材料。对一幅孤零零的画像石图像的考察，我们很难得到完整而全面的结论。地上保存完整的孝堂山石祠画像、已经成功复原的武氏祠画像、地下的沂南北寨汉墓画像、安丘汉墓画像都为我们提供了完整的图像系统。

不只画像石墓的结构和图像系统是完整的，墓地祠堂的画像石图像系统也是系统而完整的。尤其是墓地祠堂是供生者瞻仰、祭祀的庄重而神秘的特殊场所，其图像系统往往更为严格、完整。

图 1-7　山东长清孝堂山石祠

图 1-8　山东长清孝堂山画像石

墓地祠堂的结构相对于复杂的墓室结构是比较简单的。山东长清孝堂山石祠被认为是唯一基本保存下来的汉代画像石祠，也是我国地面上保存至今最早的一座房屋式建筑。我们从图 1-7 中可以看到汉代墓地祠堂的样子。孝堂山石祠位于长清县西南孝里铺南面的孝堂山平顶之上，该地原属山东泰安市肥城县，今划归山东济南市长清县。该祠面南背北，为单檐悬山顶两开间的石屋，祠后有一墓冢，推测与石祠为一体，面阔 4.14 米，进深 2.50 米，高 2.64 米。祠内除顶部外，墙壁和三角隔梁石上都刻满了图像，共刻画像 36 组，有的附榜题，主要内容是车骑出行、庖厨宴饮、狩猎、百戏等祠主经历和生活图像，其中对解读祠主身份最重要的是祠主生前跟从王

图 1–9　山东嘉祥武梁祠三壁画像

图 1–10　山东嘉祥武梁祠三壁画像

驾的“大王出行图”，以及标榜祠主生前最高官职的“二千石出行图”，此外还有历史故事和神话传说。图像体系呈现出天界、仙界、人间世界及冥界的常规体系，是汉代祠堂画像石的典型样式。（图 1–8）

山东嘉祥武梁祠的图像系统也是备受学界瞩目的代表性的祠堂之一。著名学者巫鸿对复原后的武梁祠画像石图像系统有独到的解读。

巫鸿认为，武梁祠的“设计师”在装饰这座三维的建筑时，其图像系统采用了《史记》的总体原则：祠堂天顶石上刻满了种种祥瑞图像以再现“天人之际”，两山墙的尖楣部分画像装饰了神灵和仙界，43 个不同人物的“传记”图像刻画在三面墙上，表现了武梁所处时代之前的全部中国历史。画像旁边的赞文是设计师的评论，最后一幅画像则模仿了司马迁的“自序”。这些雕刻晚于

图 1-11　山东嘉祥武梁祠三壁画像

《史记》两个半世纪，自然也会反映当时新的社会、伦理和宗教潮流，以及一种不同的编纂程序。[①]武梁祠画像石的图像系统也呈现出天界、仙界、人间世界及冥界的常规体系，具体内容我们可以对照图片的图像体系进行识读：

两山墙的尖楣部分：神灵和仙界的图像体系；
西壁第一层（尖楣部分）：西王母的仙界图像体系；
东壁第一层（尖楣部分）：东王公的仙界图像体系；

西壁第二层右起：伏羲、祝融、神农；黄帝、颛顼、帝喾、尧、舜；夏禹、夏桀；
后壁第一层右起："梁高行"、"秋胡妻"、"鲁义姑姊"、"楚昭贞姜 1"；
东壁第二层右起："楚昭贞姜 2"、"梁节姑姊"、"齐义继母"、"京师节女"；

西壁第三层右起："曾参孝母"、"闵子骞敬事后母"、"老莱子娱亲"、"丁兰刻木"；
后壁第二层右起："伯俞伤亲"、"邢渠哺父"、"董永佣耕养父"、孝义朱明、李善抚孤、金日磾；
东壁第三层右起："三州孝人"、"杨伯雍义浆"、"孝子魏汤"、赵口屠、"孝孙原穀"；

西壁第四层右起："曹子动桓"、"专诸刺王僚"、"荆轲刺秦王"；
后壁第三层右起："范雎和须贾"、"蔺相如完璧归赵"、楼阁上层祠主受拜图（图像不明）
东壁第四层右起："要离刺庆忌"、"豫让刺赵襄子"、"聂政刺韩王"、"无盐丑女"；

西壁第五层右起：车骑图；
后壁第四层右起：车骑图、楼阁下层拜谒图、车骑图；
东壁第五层右起：庖厨图、车骑图（县功曹迎接处士）；

参照以上的解读，我们可以把武梁祠的图像系统分为四个部分：天上世界（祠堂天顶石上的神灵祥瑞图像）——仙界（石祠东西山墙的尖楣上的西王母、东王公图像）——人间世界（历史人物和故事传说图像）——地下世界（冥界的车马及祠主受祭图像）。这四个部分代表了武氏诸祠堂的图像内容和配置方位，说明到东汉中后期这种图像配置模式（天人宇宙观念）已经定型。

关于四个世界的天人宇宙图式的组合层次，可以说是汉代图像艺术一以贯之的观念，具有时代的独特性。其中，仙界内容的出现与图像母题的成熟（仙界图像从羽人、昆仑山、三仙山的背景暗示到西王母、东王公图像母题的风行）是汉代区别于其他时代的最鲜明因素。武梁祠的图像系统是汉代画像石图像整体观的最典范样式，以此为参照，我们可以探测到汉代人的宇宙观念和画像石的图像配置规律，为其他零散图像的解读找到可行的依据。对汉画研究来说，武梁祠的图像系统是一座不朽的丰碑。（图 1-9~11）

---

① 范景中、曹意强：《美术史与观念史》，南京师范大学出版社 2003 年版，第 34 页。

二　刚健饱满

——艺术形式的风格特色

画像石(画像砖)在形式创造上有两种不同的表现方式,滕固的划分方法值得关注:“我对于中国的石刻画像也想大致分两种,其一是拟浮雕的,南阳石刻属于这一类,其二是拟绘画的,孝堂山武梁祠的产品是属于这一类。”①这个主张发表于1937年,今天看来仍是非常有见地的。不过,“拟浮雕”、“拟绘画”的提法还是有问题的,正如张道一先生对这一提法所批评的那样,“实际上是颠倒了事物发展关系”。画像石的创造者并非是在有意的去模仿浮雕和绘画才在石头上加以表现,而是出于一种原发性的表现,如果改为“类浮雕”“类绘画”的提法可能会更贴切一点。那些在细整的石面上刻画画面的画像石,可以说是以刀代笔,或称为汉代的石刻线画。而那些石面刻画高低起伏比较大的,实际上就是浅浮雕,简单地按拓片研究它,就有些片面。不过,这种“浅浮雕”也有些特殊,因为有的原件还涂绘了颜色,细部还用线条描绘或刻画。例如1996年陕北神木大保当汉墓群出土了一批保存完好的画像石,石刻图像上面还绘有黑、粉、红、褐等浓淡相宜的颜色,有的图像上面还用毛笔线条勾画局部纹理,宛如在浅浮雕上作画。这样看,画像石其实是雕刻与绘画的结合,艺术形式的确很复杂。

我们认为,对那些石刻线画类的画像石,基本上可以按绘画的形式构成去研究;而对于那些浅浮雕类的画像石,就要对其制作材料和石刻的原样进行注意,不能一味研究其拓片。不过,如果研究图像的构

① 滕固:《南阳汉画像石刻之历史的及风格的考察》,载《张菊生先生七十生日纪念论文集》,商务印书馆1937年版。

图 2–1　四川彭山 1 号石棺西王母画像

图特色和图像的造型特征，有些立体的刻画方式还是可以忽略不计的。本书在这里无法对其展开详细的艺术分析，只是就其形式的大体来研究其美学特色。

1. 符号式和焦点式的图像组织方式

我们首先研究画像石（砖）是如何组织画面的。按巫鸿的观点，早期中国艺术中存在着两种构图模式：偶像式与情节式。这两种构图模式在汉代画像石（砖）也有表现，我们称之为“符号式”和“焦点式”的图像组织方式。

一些汉画像石构图中的图像元素往往带有一种符号性，以西王母、东王公为代表的仙界部分的构图方式就是符号式的，有些约定俗成的图像制作方法，如西王母、东王公一般各自居中而坐，其形象的旁边常配有跪伏求仙药的人物、捣药的玉兔、蟾蜍、三青鸟、羽人、九尾狐等图像。伏羲、女娲是蛇身人首形象，或分立或尾部缠绕，其附属图像有规、矩、日、月等。雷公出行常坐鼓车，手执棰，一般风伯开道，雨师随从。甚至墓主受祭图、车马出行图、孔子见老子图也有一定的表现规律。以上都可以属于符号式的构图模式。

符号式构图的出现是与墓室艺术和社会的信仰分不开的，只有一套集体所认同的规范的建立与完善，人们才有一种归属感。而这种符号式的图像本身又强化了当时当地人类群体神灵观念、生死观和生活习俗。汉代这种构图方式与古埃及的墓室图像艺术的构成原则也是一样的。由于我们现在所见汉代图像艺术的实物基本上来自墓葬，它所表现的是墓主的冥界生活，因此图像的规范性被严格化了，“符号”的社会意义凸显了出来。所以同一种模式的图像构成方式可以在汉代超时空的存在。总之，这是一种“思想上的空间”，“是属于非自然的空间”。①因为图像的构成中灌注了浓厚的观念和信仰元素。

当然，符号式的图像艺术并非一味的静，优秀的创造者还在静中营造出动与静的对比。四川彭山 1 号石棺的一侧刻有西王母画像（图 2–1），西王母端坐在龙虎座上，最右边的三个人物均

① 陈履生：《神话主神研究》，紫禁城出版社 1987 年版，第 59 页。

图 2–2　四川乐山麻浩 1 号崖墓享堂壁所刻《荆轲刺秦王》(上为原石，下为拓片)

呈静止状，妙处在于画面表现了一只手舞足蹈的蟾蜍，形象极其传神，既活跃了画面，又说明了得到不死药的兴奋心情，使人感觉到仙界简直是一个极乐世界。

汉代图像艺术用得最多的是“焦点式”的构图模式。无论是种类繁多的故事传说，日常生活的片段，还是人、兽之间的搏斗场面，都由情节构成，都在叙事。而由于人们对情节的理解不同，对人物形象的塑造不同，自由发挥的余地就大得多。例如，对同一个“荆轲刺秦王”的故事，在表现那个场面的时候各地的创造者就有自己的理解和表达方式。四川乐山麻浩 1 号崖墓享堂壁所刻“荆轲刺秦王”的图像是一个巨制(图 2–2)。图像为浅浮雕，高 64 厘米，横长 376 厘米，描述的是荆轲刺秦王时，“秦王惊，自引而起，袖绝”，“荆轲逐秦王，秦王环柱而走”的瞬间情境。①整体横展构图，怒发冲冠的荆轲被人拦腰抱住，匕首中柱，秦王右手举剑，绕柱而逃，整个气势向左冲去，最左边两个卫士做惊窜回头状，画面气势回转，最右下方惊吓伏地的秦舞阳和盛樊於期头的匣子也把左冲的气势拉回，势力都集中在荆轲身上。加之原作品石质材料的凝重感觉，整件作品气重势厚，浑朴而又飞动，具有慷慨悲壮的气氛，很好地表现了主题。

① 司马迁《史记·刺客列传》，中华书局 1973 年版，第 2535 页。

图 2-3　山东嘉祥武氏祠左石室后壁小龛西侧画像第二层

图 2-4　南阳方城县城关镇东关村汉墓阉牛图　高 42 厘米，长 190 厘米

山东嘉祥左石室后壁小龛西侧的“荆轲刺秦王”图像也是“焦点式”的表现方式，图像关系更为集中精确，该石更类似绘画，整体大气而夸张，局部图像刻制得很精细，尤其是图像中被刀子刺透的柱子，已经微斜，秦王被砍去的半截袖子还未落地，盛装头颅的匣盖半启，秦舞阳倒地回顾等细节的刻画，更突出了瞬间的紧张气息，这是一个凝固的瞬间。（图 2-3）

以情节的冲突组织画面，一般有一个中心形象作为整幅图的焦点。河南的一些斗兽画像石往往长于表现千钧一发之际的景象。如南阳方城县城关镇东关村发掘的阉牛图(图 2-4)，把观者的视线都集中到了阉牛的瞬间，硕壮威猛的公牛的蹄子蹬向执刀勇士的头部，赤裸上身的勇士尖刀就要落下，公牛锐利的尖角就要刺着猛虎，翘尾的猛虎气势下压，左前脚触及尖锐的牛角，这几个关键环节，其中任何一个环节的变动都会影响下一步姿态的整体变化，可谓惊险刺激之至。而图像左边抓猛虎尾巴的猴子形象的出现，则又使左边的紧张气氛得以缓解，煞是有趣。图像交代得恰到好处，表现了动态中凝固的瞬间，这是来不及用语言表达，让人屏息的画面。

总之，符号式构图的静中之动和焦点式构图的动中之静，显示了汉代创造者的“大匠”风范和亢奋昂扬的时代气息。

图 2-5　睢宁县画像石

2. 全方位的观察方式和表达方式

汉画像石的构图方式，有很多人称其为“散点透视”，这是一种“西医改造中医”的说法。其实这是中国人造型思维中由来已久的“游”的方式，是在流动中从多角度观察、造型，“透视学是研究人站在一个固定地点看出去的主观景界，而中国画家、诗人宁采取‘俯仰自得，游心太玄’，‘目既往还，心亦吐纳’的看法，以达到‘澄怀味像’（画家宗炳语）。这是全面的客观的看法。”①后世中国画家所运用的正是这种造型原理。可以说，汉代画家在造型思维上的特点是善于表达自己的“所知”与“所感”，这样就把图像形象刻画得全面而具体。汉代图像艺术形式上的充实与饱满，构图上的平面化与装饰化特色，都与这种造型观念密切相关。

对墓室图像制作者来说，人物形象表达得模糊与被遮掩，甚至形象不完整，简直就是对神灵的大不敬。汉代墓室图像的制作者仿佛要设法把自己所知道的与所感觉到的图像表达出来，这有些类似埃及人和中世纪艺术家的造型观念。“艺术家的任务是要尽可能清楚、尽可能持久地把一切事物都保留下来，所以他们并不打算把自然描绘成从偶然碰上的角度看到的样子。他们是根据记忆作画，所遵循的一些严格的规则使他们能把要进入画面的一切东西都绝对清楚地表现出来。”“艺术家在画中所体现的不只是他对形式和外貌的知识，还有他对那些东西的意义的知识。”②

图 2–5 是江苏睢宁县的一画像石图像，画面分作上中下三层，代表三层楼房。为了描绘清楚内部情景，楼房采取了横切面的方式，所有人物采取平面并列的图像组织形式，就连一层和二层中间上楼梯的那个人也力争把他的形象表达完整，以致把楼梯都省略掉了。底层端盘子的人，盘子本应该是画成侧面，但为了表达全面，也要把它竖立起来，刻画好所盛之物，让画外的观众看个清楚。为了这种心理的真实，图像便改变了客观的观看方法。尤其是画面中的 22 个人物形象，画家为了交代清楚他们的面部，让他们全部停下手中的活，一律正面示人，仿佛画家对着他们说：“注意了，看这里！要照相了！”永恒的、凝固的画面就这样产生了。这种视觉表达的全面化，在汉画像石的图像表达方式中是非常常见的，可在今天看来却是极为有趣的。

汉赋所体现的主体的观察视角，也能充分说明汉代“艺术家”观察形象世界的方式：司马相如《子虚赋》中，子虚先生对云梦大泽的描绘的视角便是：“其山……；其土……；其石……；其东……；其南……；其西……；其中……；其北……；其上……；其下……。”这是一种全面的立体的“游”的观察方式与表现方式，艺术家要把自己所知道、所感觉到的物象通过图像都表达出来。

这是事无巨细的全方位的观察方式和表达方式。处于上升时期的汉人，面对多彩的形象世界的每一个部分无不充满了好奇心和探究欲，似乎要在自己的手下把它们都表述出来。但是，当时的艺术表现技巧仿佛又不能把汉人的“所见”、“所感”都表现出来，于是，他们便在文学表达中用了大量的生僻字词，在图像表现中运用了装饰与填补的手法，在主要人物、动物形象的周围还画上繁复的线条或纹样，或添加上其他更小的与此主图像意义有关的图像。因此，我们就看到了现在繁复无比的汉赋和琳琅满目的汉代艺术图像。由于有创造的真情和激情，汉人手下的图像没有丝毫生硬拼凑的感觉，而是更加饱满与充实，仿佛那些形式太有限还不能完全表现出汉人

① 宗白华：《美学散步》，上海人民出版社 1998 年版，第 111 页。

② [英]贡布里希：《艺术发展史》，天津人民美术出版社 1991 年版，第 30~31页。

图 2-6　平阴孟庄汉墓立柱的人物图像

"所见"的全部来。这样，汉代的图像系统真是再充实不过了，的确令人目不暇接，一种恢宏博大的时代气息便在这"满"、"密"、"全"中体现出来。

山东、苏北、陕北、晋西的画像石多给人密不透风的感觉。这些地方的车马出行图，前不见头，后不见尾，石面好像一个静止的"窗口"，观者只能看到其中的一部分，车马间隙又适当穿插更小的图像，构成浩浩荡荡的车马出行长卷图。为了增加图像张力，制造者还在画像石上刻出边框，饰以纹样，更使框内图像显得饱满、充实。这是在有限中显示出无限的表现方法。山东孝堂山的石祠画像、诸城前凉台的画像石、武氏祠的画像石、图 2-6 的平阴孟庄汉墓立柱的人物图像、安丘汉墓立柱画像，江苏睢宁墓山第 1 号墓画像石、徐州白集祠堂画像石、陕西米脂汉墓画像石、绥德画像石……实在无法一一全部列举，这些图像铺满整个石面，密不透风，给人以无限膨胀之感。

汉画像石形式上的表现方式，是当时创造者造型的共有方式，这在其他图像艺术的形式创造上都有相同的方法。下面就看另一种艺术样式的图像表现方式。

图 2-7 是 1965 年出土于河北定县 122 号西汉墓中的铜管错金银畋猎图，原器是中空的一段铜管，有木心，似为车伞盖柄，器表有轮节突起，共有四段，每段均以金银丝嵌错畋猎图，黑漆填补空隙，并镶嵌有圆形及菱形绿松石。器物是制作精细、色彩辉煌的工艺品，也是难得的图像艺术品。图左为其展开的图像，均以山峦云气为衬地，刻画了珍禽瑞兽及狩猎的生动形象，从上至下，图像的第一层，以缓行的大象为中心，背负三人，在其周围分别有羽人、翼龙、天马、熊、兔、奔鹿、翔鹤、飞鸟、神龟。图像的第二层，主要为骑马射虎，骏马疾驰，猛虎凶残；另有形态生动的鸱鸮、鹿、熊、狼、猴、牛、羊、野猪、大雁、飞鸟、苍鹰等形象。图像的第三层，有骑驼行进的人和各种动物形象。图像的第四层，有孔雀开屏及各种鸟兽动态。从艺术形式上看，整体有密不透风之感，而其中的形象又主次分明，错落有致，呼应连贯，表现手法带有明显的夸张与装饰味道，整体气势饱满奔放、博大充沛，艺术形象瑰丽丰富，矫健富丽，具有浪漫气质。这是一件优秀的汉代图像艺术品。

图 2-7　河北定县 122 号西汉墓铜管错金银畋猎图

3. 动态形象的线性表达方式

以汉画像石、画像砖为代表的汉代图像艺术的观察方式，脱胎于三代图案式表达方式，但已从三代的繁琐抽象图案中解放出来，给人和动物以独立表现的地位，也使图像本身充满了活力。例如河南南阳麒麟岗的石刻画像，艺术形象奇幻迷离，且善于以气势生动的长线条造型，装饰图案已经退居其次，整体图像给人流动如生、舞动如飞、气势充盈的感觉。(图 2–8)邓以蛰先生认为：

吾人观汉代动物，无分玉琢金铸，石雕土范，彩画金错，其生动之致几于神化，逸荡风流，后世永不能超过也。汉代艺术，其形之方式唯在生动耳。……汉代人物毋宁只状动作而非状人。如画老子与孔子，不在老子、孔子其人而在其一时间之动作。汉画人物虽静犹动，六朝唐之人物虽动亦静，此最显著之区别。盖汉取生动，六朝取神耳。①

黑格尔在《美学》中说："自然美的顶峰是动物的生命美。而最高级的动物美正是人类形体的优美。"而汉代图像艺术却把动物和人的形体美发挥到了极致。完全可以说，汉代画像石图像是对生命活力的赞歌。

汉代画像石的题材包罗万象，形式本身也给人一种势不可挡的冲击力，即使表现面积不大的画像砖，创造者也别出心裁增加画面张力。在四川画像砖《弋射图》中，大鱼满满地横着，给人密实之感，而射手惊飞的水禽又极力向图像的左上方、右上方冲去，一下把气势引向有限的画面之外，给人以无限之感。(图 2–9)另外，四川导车画像砖、四骑吏启戟画像砖、斧车画像砖，都表现出汉代艺术图像的奔放之美。图 2–10 的河南邓县祈营的手搏画像砖，三个人物形象动态十足，尤其是居中的武士形象，凛然不可犯，真有万夫不挡之勇，令人过目难忘。

汉代画像石图像冲击力的产生，在很大程度上是通过人物、动物的动态形象和线性表达方式实现的。

图 2–8　河南南阳麒麟岗石刻画像

① 邓以蛰：《邓以蛰全集》，安徽美术出版社 1998 年版，第 454 页~455 页。

图 2-9　弋射图

图 2-10　河南邓县祈营的手搏画像砖

汉代是一个崇尚武功的时代，长时间对匈奴的战争和新莽前后的内战，刺激了社会对武功的重视，因此，任侠好斗之风在图像艺术中表现突出。有各种车马图像、兵马战斗图像、狩猎图像、人与人搏斗图像和斗兽图像；而为了满足统治者的享乐欲求，杂技百戏图像、乐舞图像也大量出现。由于表现动态的图像极为丰富，也使其画面增添了生气。陕北画像石多狩猎图，河南画像石多斗兽图，山东画像石多车马战斗图、歌舞百戏图（图 2-11），四川画像砖多歌舞图、车马出行图。所有这些图像，无不动感十足，劲利威猛。

善于用线造型是汉代画像石图像造型的重要特点。现山东地域的那些“拟绘画”的画像石（石刻线画）、河南打虎亭的画像石以及现在所发现的各地的汉墓壁画，都主要是以线条造型的。在线条的挥舞中，图像就有一种流动如生的感觉。即便在浅浮雕的画像石、画像砖中，线条也得到了充分表现。徐州风格的画像石，在画像细部最善于以繁复的细短线条刻画，画像整体上有一种复杂的情趣。而河南南阳一带的画像石，陕北的一些画像石，则长于运用长线条表现浮雕图像的大轮廓，线条非常具有冲击力。

另外，汉代图像艺术之中，最接近后世绘画概念的是那些直接在平面上绘制形象的艺术样式，主要包括墓室壁画、帛画、漆画等。在已经出土发现的遗迹中比较典型的有内蒙古和林格尔墓壁画、河北望都墓壁画、河南洛阳朱村墓壁画、洛阳卜千秋墓壁画；马王堆帛画、临沂金雀山帛画；马王堆漆画等等遗迹。这些遗迹绘制图像的内容、方法都与汉画像石图像的造型一致。

画像石（砖）与绘画、雕塑的密切关联，使汉代图像艺术的诸门类常常处于模糊不分的状态，诸门类之间并没有明确的界线。这说明汉代图像艺术本身还处于尚未成熟的阶段，没有后世所谓的相对独立的艺术样式（如雕塑、绘画）。正因为如此，汉代画像石艺术才显得更加独特，这也说明这一艺术样式本身就具有一种包容的精神。符号式和焦点式的图像组织方式，全方位的观察方式和表达方式，动态形象的线性表达方式，都使汉代画像石艺术在形式上充溢着张力，显得充实、饱满、奔放，从而塑造了汉代造型艺术的宏大气魄和浑厚雄健的时代精神。（图 2-12）

图 2-11 歌舞百戏图

图 2-12 滕州汉画像石

三 天上人间

——天上世界与天人感应

正如蒴伯赞所说，整个汉代图像世界简直可以称得上一部“绣像的汉代史”，汉代图像艺术对现实物象的取材和表现可以说事无巨细，五彩缤纷，要探寻其中的精神就要选取一些典型性的图像进行分析。

天上世界的图像内容往往是来自对天象的再现或对想象中神灵的表现。东汉后期成熟期的祠堂画像，天上世界一般包括天象、神灵和祥瑞图像，它们所处位置一般在墓室的天顶石上，象征天空的位置，又寓意至高无上。

对天象的崇拜，慢慢赋予其特定的意义，从而衍生出天界的神灵。天象最常见的是内有金乌的太阳和有蟾蜍或玉兔的月亮图像，以及北斗星座和牛郎织女星座的图像。

天象中的太阳与月亮图像与人们的生存关系最为直接。汉画像石对日、月形象的表现并非只画出其外在的形状，而是充满了幻想和感情。他们常在太阳中画上三条腿的金乌，而在月亮中画上蟾蜍或玉兔。这在造型上不但巧妙地避免了日月形象的平面化，而且赋予它们以生命活力。汉代王充《论衡·说日》便记载：“日中有三足乌，月中有兔、蟾蜍。”旧小说中常有“金乌西坠，玉兔东升”之语，金乌、玉兔便成了太阳与月亮的代名词，其根源便是古代的传说。《淮南子·精神训》记载：“日中有踆乌。”汉高诱注：“踆，犹蹲也。谓三足乌。”关于“三足乌”名字的来历，有观点说是古代人看见太阳的黑子，认为是会飞的黑色的鸟——乌鸦，又因为不同于自然中的乌鸦，加一脚以辨别，又因与太阳

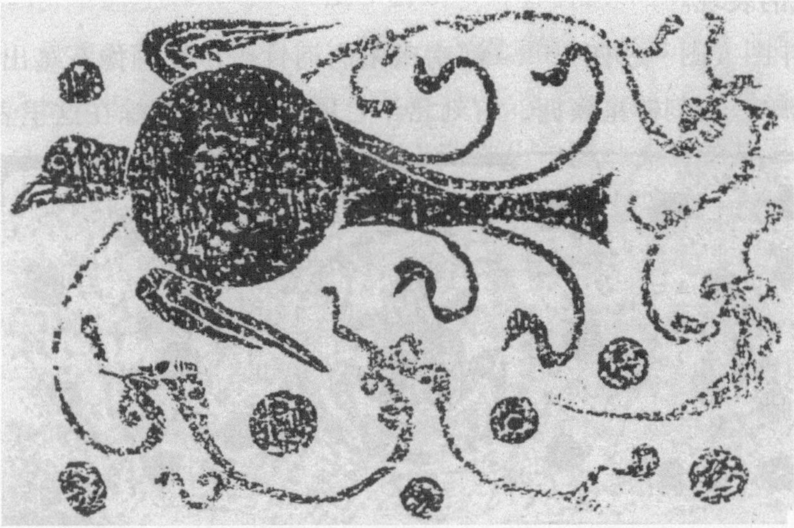

图 3-1　南阳市阳乌负日图　绥德四十里铺出土

有关，为金色，故称三足金乌，为日之精。又有观点认为三足乌是驾日车的神鸟。阳乌负日图像便是这一传说的形象解说。(图 3-1)《山海经·大荒东经》云："汤谷上有扶木，一日方至，一日方出，皆载于乌。"无论月中金乌，还是阳乌负日，月亮和金乌常是结伴出现的。(在画像石图像中，还有一个列于西王母座旁的三足乌形象，相传是为西王母取食的神鸟，或叫"三青鸟"。)(图 3-2)

图 3-2　三青鸟图像

山西离石马茂堆出土

东汉天文学家张衡在他所著《灵宪》里说："月者，阴精，积而成兽，像蛤兔焉。"后一句话正暗示出蛤(蟾蜍)、兔的形象和月面斑点的联系，这大概是古人在观察月亮形状时把其中的花纹想象成蛤(蟾蜍)、兔的形象。而《淮南子·精神训》中"月中有蟾蜍"的说法，以及晋傅玄《拟天问》中"月中何有，白兔捣药"的说法，则直接肯定了有关月亮的神话传说，并且带有求仙的意味，让人通过玉兔想到西王母座旁捣药的玉兔。那么，为什么蟾蜍和玉兔会成为月亮的标志物呢？人们给月亮编织出了美丽的"嫦娥奔月"的故事。《淮南子·览冥训》说："羿请不死之药于西王母，姮娥窃以奔月，托身中于月，是为蟾蜍。"高诱注："姮娥，羿妻；羿请不死药于西王母，未及服食之，姮娥盗食之，得仙，奔入月中为月精也。"嫦娥奔入月中变成温顺美丽的玉兔，成为月之精。另有传说认为蟾蜍是月之精："蟾蜍，月精也。"(李昉等撰《太平御览》卷四引《春秋纬演孔图》)不过，后人多把蟾蜍当作食月之物。《淮南子·说林训》云："月照天下，蚀于詹诸。"李白《古风》诗曰："蟾蜍薄太清，蚀此瑶台月，圆光亏中天，金魄遂沦没。"蟾蜍背面多呈墨绿色，上面有大小不等的疙瘩，相貌丑陋，大概古人把它的这一形象和月亮上的斑点联系起来，才把它作为月亮的标志。

图 3-3　嫦娥奔月　画像石　河南南阳西关出土

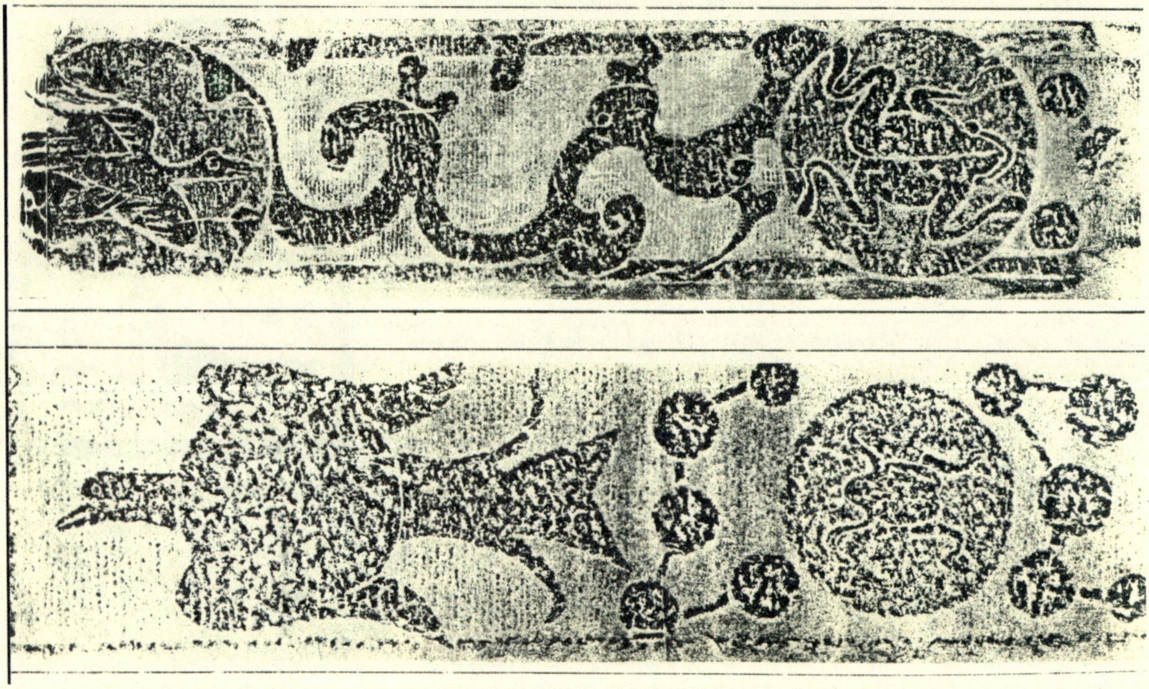

图 3-4　日月同辉　河阳南阳汉墓

我国的神话传说较散，没有统一的体系，蟾蜍和玉兔都可以作为月精，也可以同时出现在同一个月亮里，汉画像石为我们展示了不同的传说。

1964 年 3 月，在河南省南阳市西关发掘一汉墓，其中一块汉画像石（宽 143 厘米，高 59 厘米）上刻画的就是嫦娥奔月（图 3-3）。画面左上方刻一月轮，内有蟾蜍，其右刻一女子为嫦娥，人首蛇躯，头梳高髻，身着宽袖长襦，后拖曲尾，有双爪，双手前拱，面向月轮作飞腾状，画中散布九颗星宿，空间饰以云气。这一形象说明，当时当地的传说是把蟾蜍作为月精，而嫦娥则是人首蛇躯的神人形象。另外，一些“日月合璧”的图像和捧月图像也是以蟾蜍作为月亮的标志。图 3-4、5 中则是把蟾蜍和玉兔共同作为月亮的标志。

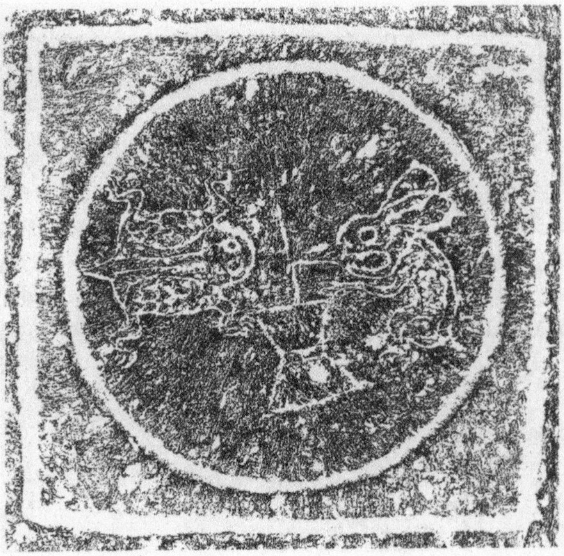

图 3-5 安徽淮北出土

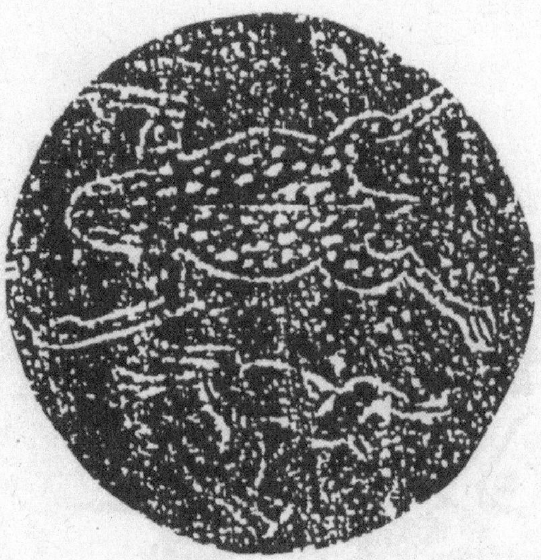

陕西绥德出土

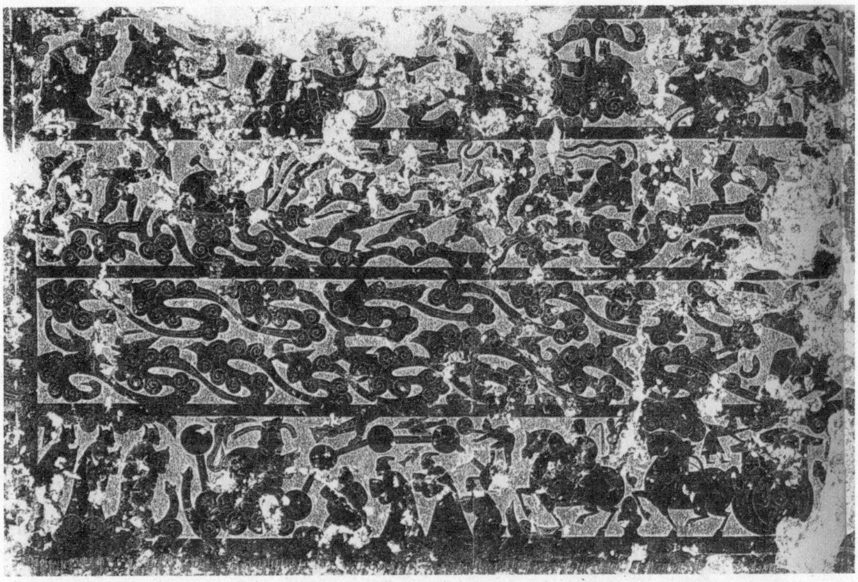

图 3-6 武氏祠前石室屋顶前坡西段画像

在诸多星象中，北斗是中国北方天空中最夺目的七颗星，由于这七颗星连在一起就像一把长柄的斗，故而得名。北斗的显著位置和形象特征，使它成了天帝的乘车。《史记·天官书》："斗为帝车，运于中央，临制四乡，分阴阳，建四时，均五行，移节度，定诸纪，皆系于斗。""斗为帝车"的说法，是在人们的幻想中把操纵这七颗星的力量，神化成一位在斗车上的星君座，而不是把七颗星视为七位神仙。汉人执迷于天人感应之中，把都城长安名为"斗城"，认为都城中的皇帝就如同驾斗车的天帝一样，也要运于中央，临制四方。图 3-6 为武氏祠前石室屋顶前坡西段画像。该画像石第四层便是北斗星君出行图。在七星组成的魁状车上坐着星君，车左三人执笏右向恭立，车右四人恭迎，一小羽人执小星行于魁柄上，右边一导骑、一辎车左向行。画面构图巧妙，把星象、物象和人像巧妙结合在一起，点线结合，气势充盈。

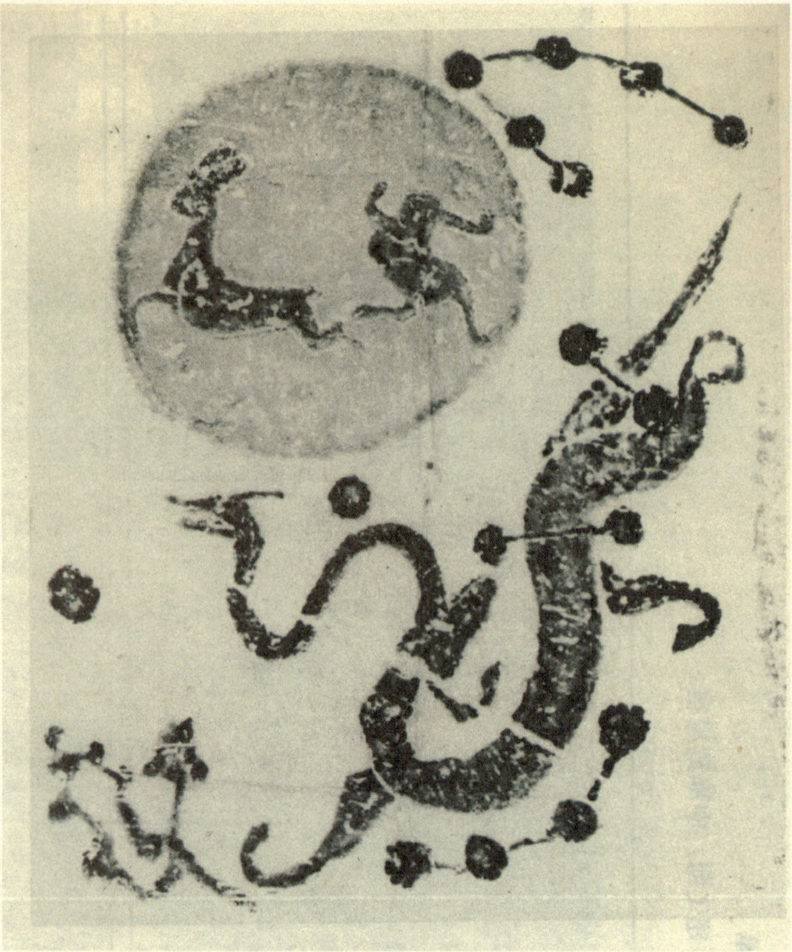
图 3-7　苍龙星座图像　河南南阳县蒲山阮堂汉墓出土

图 3-8　白虎星座图像　河南南阳县蒲山阮堂汉墓出土

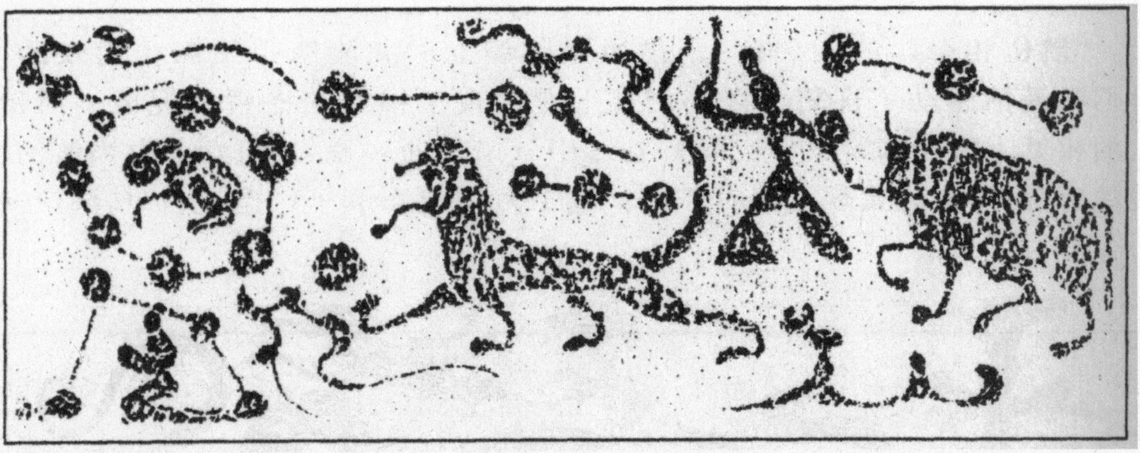

图 3-9　牛郎织女星座　河南南阳白滩汉墓出土

二十八宿又被概括为“四宫”：东宫苍龙七宿、南宫朱雀七宿、西宫白虎七宿、北宫玄武七宿。汉代文物资料有苍龙、白虎、朱雀、玄武星座的图像，分别绘有苍龙、白虎、朱雀、玄武图像。于是，刘秀一朝开国的“中兴二十八将”被认为“上应二十八宿”而显得身世不凡。

图 3-7 为苍龙星座图像(宽 80 厘米，高 110 厘米)。出土于河南南阳县蒲山阮堂汉墓。画像主体部分便是以十六颗星代表的苍龙星座，在众星的轮廓内刻一苍龙，造型上除尾巴部分有些生硬之外，苍龙的主体形象极其矫健，其身型以大 S 形为主，由粗渐细，威猛异常。且在苍龙上方刻有圆形月轮，内有奔跑的玉兔和蟾蜍，增加了整体图像的变化和动感。

图 3-8 为白虎星座图像(宽 115 厘米，高 60 厘米)。出土于河南南阳县蒲山阮堂汉墓。画像主体部分是一张口翘尾、昂首行进的 S 形厉虎形象，气势的猛厉和线形的遒婉形成了对比。虎前有六星，分为两组，虎上有一星，下有三星，虎和星宿之间饰以云气，妙在能把白虎形象有机的融入星象位置的组合之中。

图 3-9 为牛郎织女星座(宽 140 厘米，高 55 厘米)。出土于河南南阳白滩汉墓。图像右上刻一牧童扬鞭牵牛，其上有三星相连；左下四星连线之内一女郎躬身跪坐，背对牛郎，当为织女；另有虎、兔形象、星象和云气散布其间。这种表现方式，既是通过星象代表上天，也把天上星象给拟人化了，让人想到了“牛郎织女”的美丽传说，也寄托了向往美满团圆的愿望。汉武帝元狩三年，在上林苑修造昆明池，以水池象征天河，为此按“左牵牛而右织女”(班固《西都赋》)的格局在东西两岸制作牛郎织女大型石雕，以上应天象，暗含了“迢迢牵牛星，皎皎河汉女”的美丽传说，同时又象征昆明池之大。这可以说是通过雕塑品来象征天界。有观点认为“画像石中的天象图，只是用来表现一般意义的天空苍宇。”联系上面现象可见，这不只是一般意义的天空苍宇的代表，而是蕴含着创造者的丰富含义。

天上世界除了有天象以外，还有天神图像，主要是北斗大帝、雷公、电神、风伯、雨师等自然神的形象。在画像石上，雷公一般作持槌击鼓状，电神手握长鞭形闪电，风伯作吹风状，雨师作持盆倾水状。这些天神一般出现在墓室的天顶部位，图像周围有缭绕不绝的云气纹，以突出天上之境。

图 3-10　雷公车　南阳汉画像石

图 3-11　雷公图像　江苏铜山洪楼祠堂出土

图 3-10 为南阳汉画像石雷公车中，三只腾飞的翼虎尽力牵引云车，整齐而富有气势，车上树一鼓，上面的羽葆和华盖飘扬，车下云气翻腾，整个图像系统给人风驰电掣的运动感。车上二人皆生羽翼，舆中所乘当为雷公，在这里，雷公的形象是靠车鼓的形象来暗示的。

在汉画像石中，雷公的出现一般总要通过人物击鼓的形象暗示出雷声，或者通过仙人在崎岖路面上拉链球滚动暗示出雷声。图 3-11 是江苏铜山洪楼祠堂出土的雷公图像画像石，把雷公拉链球的形象刻画出来了。汉代王充(《论衡》雷虚第二十三)对雷公图像有形象的描写："图画之工，图雷之状，累累如连鼓之形。又图一人，若力士之容，谓之雷公，使之左手引连鼓，右手推椎，若击之状。其意以为雷声隆隆者，连鼓相扣之意也；其魄然若敝裂者，椎所击之声也。其杀人也，引连鼓相椎，并击之矣。"山东嘉祥武氏祠左石室天井前坡西段第二层画像石(图 3-12)就是一幅明显的天罚图。风伯鼓风，雷公兴雷，雨师覆雨，持鞭的电女神和持锤的神人正在惩罚下面跪地求饶的人。其中，雷公形象的表现便和王充的有关描述颇多吻合之处。

图 3-12　山东嘉祥武氏祠左右室天井前坡西段第二画像石

图 3-13　山东长清孝堂山石祠东壁顶端画像石

盛夏季节，雷电有时会击物伤人，雷公给人以“杀人”的印象，令人惧怕。人们常把被击之人看成上天对该人的惩罚，所以，其出现就被赋予了警戒之义，既是对世人的一种警戒和暗示，也是对无道人君的示警：“雷霆杀人何？夫雷，天拒难之折冲也，人君承用节度，即雷风以节暴行威福，则雷霆杀人，其救也，议狱死则灾销矣。”①

风伯的出现有不同的意义，他可以“鼓之以雷霆，润之以风雨，养成万物，有功于人”，也可以“坏人屋舍”。（应劭《风俗通义·祀典》）在画像石图像中，就有“坏人屋舍”的风伯形象。一人下蹲鼓腮（应为风伯），用力面对房檐吹出扇形气流，风伯周围往往还有帮助他掀起房顶的人物，房顶一角已经被吹起，有的梁柱被吹断，屋内两人衣服裙摆已经扬起，有的持弓，有的作拱手状，惊愕状。（图 3-13、14）关于风伯为什么这样做的原因，研究者们说法不一。有一种观点认为，人死后灵魂要升天，而风伯把房顶吹起，就是要促使死者的灵魂升天。

① [宋]李昉等撰《太平御览》卷八七六引《京氏易五行占》，清嘉庆二十三年刻本。

图 3-14　山东嘉祥五老洼汉墓出土画像石，原石四层，此为第一层

关于雨师，《韩非子·十过》云："昔者皇帝合鬼神于西泰山之上……蚩尤居前，风伯进扫，雨师洒道。"关于这些天神神性的考察可见，天神的出现除了其本身职能之外，亦被赋予了一定的观念意义，诸神大致是在天界俯视人间，帮人间扬善惩恶，有儒家的教化作用。其目的还是通过当时所宣扬的天人感应论来维持社会的正常秩序。这些神一般结伴出现，如上面孝堂山东壁第一层的石刻画像和山东嘉祥武氏祠左石室天井前坡西段第二层画像，风伯、雷公、雨师、电母便是一起出现的。

祥瑞是在图像艺术中出现的有特定寓意的物象，一般为当时所鲜见的动植物或宝器的形象。

祥瑞观念在《山海经》中就有明显表现，在西汉中期至东汉末的时期内，董仲舒的天人感应理论和《白虎通》的出现，更使这种观念得到了空前的强化。《白虎通》总结规范了当时的世俗传说，继承了董仲舒的天人感应理论，认为帝王德行纯洽，天地就会阴阳调和，万物有序，天地就会出现符瑞。其中的《封禅》篇有突出的表现，兹摘录几条如下：

德至草木——则朱草生，木连理。朱草者，赤草也。可以染绛，别尊卑也。

德至鸟兽——则凤皇翔，鸾鸟舞，麒麟臻，白虎到，狐九尾，白雉降，白鹿见，白乌下。狐九尾者，九妃得其所，子孙繁息也。

德至山陵——则景云出，芝实茂，陵出黑丹，阜出莲莆。

据统计，艺术作品中最常出现的祥瑞图像有：凤凰、龙、蓂荚、神鼎、狼井、六足兽、玉英、银瓮、比目鱼、白鱼、比肩兽、比翼鸟、玄圭、璧流离、木连理、赤罴、玉马、泽马、白马、巨畅、麒麟、河精、三足乌、九尾狐、白鹿、嘉禾、甘露、白虎、玄武、白象、朱雀、玉女、金胜、芝英、白雉、白兔等当时鲜见之物。

以上祥瑞在画像石、墓室壁画图像中得到了具体表现。画像石祥瑞图往往布置在墓室（或祠堂）象征天上的部位。例如武梁祠的祥瑞图便刻在屋顶石上。祥瑞图像旁边有榜题，揭示了图像的用意所在，是我们把握其精神意蕴的难得材料：

麟，不刳胎残少则至。

不漉池如渔，则黄龙游于池。

白虎，王者不暴虐，则白虎仁不害人。

木连理，王者德洽，八方为一家，则连理生。

木连理，（玉）马，（王者）清明尊贤则至。

比翼鸟，王者德及高远则至。

比目鱼，王者德及幽隐则见。

白马朱鬣，（王者任贤）良则见。

赤熊，仁奸息。

泽马，王者劳来（百姓）则（至）。

六足兽，谋及众则至。

（比肩兽，王）者德及鳏寡（则至）。

银瓮，刑法得中（则）至。

玄圭，水泉流通，四海会同则至。

玉胜，王者……

璧流离，王者不隐过则至。

从题记内容看，祥瑞图像表达的是一种良好的政治愿望，是经世致用的儒家礼教精神的体现。一些中小官吏的墓室里也大刻祥瑞图，也有吹嘘自己德行的用意。

由于祥瑞是应之于天呈现给人间的图像，故在壁画墓中的图像位置也可以出现在人世部分的图像里。内蒙古和林格尔汉墓壁画，除在前后室顶部绘有祥瑞图外，还在中室的西壁右下方延伸至北壁，专门画了一组祥瑞图，榜题有 49 项。另外，河北望都汉墓壁画在前室东西两壁的最下方也绘有祥瑞图。可以说，祥瑞实际上是联系天上世界和人间世界的纽带。

四　意在成仙

——汉画像石的独特景观

人类文明的进步是和对自身生命最终归宿的思考分不开的。生命的消失对古人来说具有极大的神秘性，于是有了魂魄鬼神的种种神秘说法和有关行为。一方面由于死亡的不可避免，就生出种种死后的幻想，设想着另一个世界的存在，从而厚葬以求死后如生；另一方面是对长生不老的热切愿望，就设想出种种试图长寿的办法，神仙方术便出现了，渤海里的“三神山”、昆仑山仙界都成了人们极力追求的去所。东方渤海里的“三神山”和西方昆仑山仙界是战国及秦汉时期两大仙界体系，但是二者是有所不同的。在汉代的图像世界里，对仙界的塑造经历了由东方“三神山”体系向西方昆仑山体系的转化，以至在汉画像石图像系统中表现出了独特的仙界体系，形成了对西王母的顶礼膜拜，表现出汉代人最独特的神仙信仰。

早在战国时的燕国和齐国，已经出现海上方士，齐威王、齐宣王、燕昭王派方士渡海寻找蓬莱、方丈、瀛洲三座神山：“此三神山者，其传在渤海中，去人不远。盖尝有到者，诸仙人及不死之药皆在焉。其物禽兽尽白，而黄金、银为宫阙。未至，望之如云；及到，三神山反居水下，水临之。患且至，则风辄引船而去，终莫能至云。”秦始皇则兴师动众造船下海求仙，还令人带五百童男童女，花费几万金，无果而返，盛怒之下，把对方士的憎恨投到了儒生身上，竟至"坑儒"四百六十余人。所以，秦始皇的"坑儒"和"焚书"其实是两码事，本不该混为一谈。

金雀山第 9 号墓长条状帛画的发现，可以让我们清晰地看到汉武帝时期东部沿海地区对仙界的想象。图 4–1 整个图像仍然可以分为四个部分：天上世界——仙界（魂灵所要去的世界）——人间世界——地下世界（冥界）。不过，与马王堆第 1 号汉墓 T 形帛画相比，其各部分的所占比重有了变化：

（1）帛画由 T 形变为长条形，使天上世界的内容极大缩减，只剩下了日月的图像，说明天界的威严有很大淡化。

（2）仙界的内容有了明确而突出的表现（在 T 形帛画中没有表现），以三个山头代表战国齐地传说中的蓬莱、方丈、瀛洲三座仙山，以半遮三山的房屋代表墓主魂灵所居的仙山琼阁，屋内有仪态雍容的墓主燕居图。

马王堆第 1 号墓四层棺中第三层棺为朱地彩绘漆棺，图 4–2 为头挡漆画图像，图像正中绘一高山（约占画面的三分之一），两侧各绘一昂首腾跃的鹿，周围饰以缭绕云纹。该图的左侧壁板漆画为正中绘一山峰，两侧各绘

图 4–1　金雀山第 9 号墓长条状帛画

图 4–2　头挡漆画图像

波浪状起伏的龙纹，龙首相向，左边近龙首处有一回首张口之虎，龙尾处绘四足翘举的伏鹿，右侧龙身间绘展翅欲飞的朱雀和一身形矫健、身上生毛、双手攀龙身的白发仙人。右侧壁板繁饰云纹，足挡绘双龙穿璧，棺盖板绘两龙两虎搏斗图像。可以想见，头挡和左侧壁板所绘的山就是神秘的昆仑仙山，上面云气缭绕，瑞兽和仙人徜徉其间。这不正是墓主灵魂所向往的仙界吗？

就仙界信仰的主流而言，由信仰东方"三神山"体系为主到信仰西方昆仑山体系为主的转弯，正式完成于汉武帝时期。"汉代是一个重鬼好祀、神秘浪漫的时代。以汉武帝为例，他的一生就同鬼怪神仙永远联系在一起。由于统治集团的好尚，加之汉代厚葬风气的盛行，导致了中国上古神话在这个时期的蓬勃发展和高度繁荣。汉人生活的每一个空间，甚至每一个角落无不飘散着神灵的迷雾。"一部《郊祀志》，可以说就是一部汉武帝迎神候仙、追求长生的历史。战国时期信仰东方"三神山"体系的无功而返，以及汉武帝对西王母的崇拜，促使人们倒向对以西王母为首的西方昆仑山仙界的崇拜。

西王母在画像石图像系统中具有突出而固定的位置和偶像形象（近似一种符号化的表现），

图 4–3 西王母、弋谢、建鼓画像 东汉早期

并在东汉时期完善，形成了以她为中心的仙界系统。这个仙界体系主要有西王母、东王公、玉兔、蟾蜍、三青鸟、九尾狐、羽人、仙山、芝草等图像。

汉代仙界图像系统的形成有一个完整的过程：

(1)西王母最初是个丑怪形象。《山海经》有形象描述："玉山，是西王母所居也。西王母其状如人，豹尾虎齿而善啸，蓬发戴胜，是司天之厉及五残。"(《山海经·西次三经》)又曰："西海之南，流沙之滨，赤水之后，黑水之前，有大山，名曰昆仑之丘。有神，人面虎身，文尾，皆白处之。其下有弱水之渊环之，其外有炎火之山，投物辄然。有人戴胜，虎齿，豹尾，穴处，名曰西王母。此山万物尽有。"(《山海经·大荒西经》)这时的西王母是一个人兽合一的形象，人们对她只有敬畏。

(2)西王母形象的第二个发展阶段是西汉初年，她成了掌管"不死之药"的寿星形象。《淮南子·览冥训》有"羿请不死之药于西王母，姮娥窃以奔月"之说。在传说中，她又由皓然白首变成美女："年三十许，修短得中，天姿掩蔼，容貌绝世。"[①]可见，为了博得皇帝的欢心，故事的编撰者们把西王母形象摇身一变，成了皇帝的梦中情人，娇艳无比了。此时的西王母关系到人们的切身利益，并且变得和蔼可亲了。

(3)第三个阶段是以西王母为中心的仙界图像系统的形成。其中以西王母、东王公的成对出现为重要标志，说明此时对西王母的崇拜已经极为世俗化。人世间的男女成双成对，仙界的西王母也得添加一个老伴才般配，于是，"东王公"诞生了！孝堂山石祠西壁画像石的最上层有西王母图像，而东壁还没有与之相对的东王公形象。由于我们推断该祠制造的时间与肥城栾镇村石祠画像(公元 83 年)相近，故图像系统中西王母、东王公成对出现的时间不会早于这个时间。所以，西王母图像系统的最终完善时间大约在东汉中期以后。

以上过程有几点值得注意：西王母的职能由最初的"司天之厉及五残"变成掌管"不死之药"的主神，说明了社会成仙观念的出现；其形象特征"梯几而戴胜"一直未变，成了西王母图像的典型符号；其生活方式由"穴处"到居于图像的显著而基本固定的位置(天界下方与人间部分上方)；其权力由一人独担变成与东王公分担，实际上标志着仙界体系的丰富和完善，说明社会上成仙的思想得到了最大强化；这个阶段与东汉中期道教的形成基本上是同步的。

图 4-3 为"西王母、弋射、建鼓画像"。是东汉早期(公元 25 年~88 年)画像石，也是西王母图像体系的较早形态，它纵 80 厘米，横 275 厘米，1979 年出土于徐州市沛县栖山，现在徐州汉画像石艺术馆收藏。该画像石中在两层楼的楼上一层，西王母戴胜凭几正襟危坐，楼下有一只衔食物的大鸟，楼外有两位仙人捣药，上方有三足乌和九尾狐，皆口衔食物向楼而来；下面有四个独特的形象面向西王母躬身而立，分别为人首蛇身、马首人身、鸟首人身及一持长剑的长者。皆形象怪异，下肢颀长，极富夸张手法。在该石三组图像中，这一西王母组像占据一半面积，形象也最为突出，表明求仙愿望已经非常突出了。此时的西王母已凭几端坐在楼阁之内，周围既没有仙山，也没有悬圃，变得像一位生活中的贵妇人，已不是令人害怕的人兽合一的形象了。不过，那四个怪异的形象倒保留了西王母原来半人半兽的特点，看来，为了塑造出可亲可敬的西王母形象，她的野性已经转嫁到她身边的随从和部属身上。捣药的玉兔、蟾蜍、带羽仙人等形象还未出现，东王公此时还未产生。这都说明这个时期西王母的图像系统还未完善定型，处于对西王母崇拜的初期阶段。

① 《汉武帝内传》，《汉魏六朝笔记小说大观》，上海古籍出版社 1999 年版，第 142 页。

图 4–4　西王母图像　山东微山岛沟南石椁画像

与此形象类似的还有山东微山岛沟南石椁画像中的西王母图像。图 4–4 是西王母端坐楼中，凭几戴胜危坐，旁有二侍者；楼左右有仙树围绕，左下角似有九尾狐；楼下前方有五个怪异形象，分别为鸡首人身、马首人身、狐首蛇躯、鸡首蛇躯、鸡首鱼躯，形象较图 4–3 更为怪异。

图 4–5 为山东孝堂山石祠西壁画像，图为山墙锐顶部分有西王母的组合图像。该部分又有三层图像，西王母端坐于第三层正中间，两边对称似的跪侍着兽首人身和手持仙草或手中端物的 9 个形象，右边有两个武士恭立。人物外侧还有捣药的玉兔、九尾狐和其他仙兽。其图像系统的特色在于，这已经形成了以西王母为中心的图像系统，不过，其组合因素和上面徐州市沛县栖山的元素没有大的差异。在这一层图像之上还有贯胸国图像、持规的女娲图像等图像，显得有些杂乱。与之对称的孝堂山石祠东壁画像，也有三层图像，相当于西王母图像体系位置的是以风伯为中心的天界系统图像，风伯后面有出行的雷公、顶盆的雨师等形象，最上层有执矩的伏羲，该图像系统也有些凌乱。以东壁风伯对应于西壁西王母，并且西王母图像在诸多图像之中并不显著，有些泯然众人的感觉。这些都标志着以西王母为中心的仙界图像体系在此时还未形成。

图 4–6 为山东嘉祥武梁祠仙界图像的出现，标志着以西王母为代表的仙界体系最终完善、形成。该组图像有三个表现：一是，出现了西王母的对偶形象东王公，他们分别于画像石顶端锐角部分的西与东，成对出现，群众性造仙运动最终完成了仙界塑造的世俗化过程，人情味更浓

图 4-5　山东孝堂山石祠西壁画像

图 4-6　山东嘉祥武梁祠仙界图像

了；二是，以西王母、东王公为代表的仙界图像，有了固定的出现位置——天界和人间世界之间的锐顶部分；三是，西王母与东王公各自都有相对固定的图像体系。西王母端坐西壁锐顶正中，两侧有羽人、玉兔、蟾蜍、人首鸟身者等灵异图像；东王公端坐东壁锐顶正中，两边有羽人侍立，开明兽陪伴等图像。从艺术形式上看，线条流畅，图像饱满丰盈，饶有骨力。通过图像间的穿插组合，整个形式上充溢着饱满的气势，一派刚健之气。

陕北汉画像石的仙界图像常常出现在左右墓门上，左右相对，东西分别有西王母和东王公相对，他们的形象分别以牛首与鸡首形象出现，另有一番地方情趣。

图 4–7　彭山 1 号石棺一侧西王母画像

四川地区出土的汉代画像石，主要刻制在石棺与崖墓墙壁上，没有山东、陕西等地的系统图像，多为单幅图像，其中有关仙界的刻画也很有地方特色。图 4–7 为彭山 1 号石棺一侧西王母画像，是西王母拱手端坐在龙虎座上，正暗合了《焦氏易林·临之履》中的传说："驾龙骑虎，周遍天下，为人所使，见西王母不忧不殆。"左侧站立为西王母取食的三青鸟、九尾狐，右侧一蟾蜍直立而舞，最右侧有三人：右上一人头饰双髻，正在吹奏乐器，中一人头饰双髻，正在抚琴演奏，右下一人直立，手中捧物。三人和蟾蜍中间有一几，上有耳杯等物。可见，这一仙界系统并不完善，捣药的玉兔、羽人等图像尚缺。不过这一图式很有艺术感染力。全图西王母的主体形象极其突出，西王母的端坐形象非常静穆，而背后龙虎的形象一浑厚，一奇矫，形态富于变化之美。西王母的形象有以静制动之妙；三青鸟的右向立，九尾狐的右向回头，一静一动，顾盼生姿。蟾蜍的翩翩起舞和龙虎的开张威猛形成对比，蟾蜍与右三人呼应密切。整个构图气势流动，细腻而又大气，使人过目不忘。

羽人形象也是仙界的主要标志。羽人形象的出现，在汉代是非常普遍的。汉代人认为"人得道生身毛羽。"《楚辞·远游》："仍羽人于丹丘兮，留不死之旧乡。"王逸注："人得道生身毛羽。"汉王充云："图仙人之形，体生毛，臂变为翼，行于云。"①在汉代图像艺术中多有羽人形象的表现，图 4–8 为山东嘉祥宋山出土的西王母图像画像石。该石图像最大的特点之一就是西王母周围的形象均肩生双翼，(左边一位臂变为翼)除为西王母执伞者下肢裸身外，其余形象都有裙摆，或为"体生毛"之状态，且整体图像的造型非常清新秀逸，独有飘动洒脱之境界。

画像石、画像砖都有羽人持仙草或持仙草喂食的图像。图 4–9 为四川骑鹿升仙画像砖便是其中一例，该砖高 25 厘米，宽 44 厘米。画面右边为一双髻女子骑在健壮高大的仙鹿上，女子宽袖长服，身形苗条，她左手执缰，侧身回顾，右手后伸，动作和目光集中在仙人手中的物上；左边仙人，身形瘦削，体态轻盈，头饰双髻，颈部、腰部、腿部皆生毛羽，羽人右手托盘，盘中有仙丹三粒，左手前伸，似欲给右边骑仙鹿之人仙药。二者之间有一株形态优美的仙草。此画像砖图像整体形象奇异而清新，观之令人有出世之想，恍若置身仙界之中。

① [东汉]王充著：《论衡·无形·第七》，上海人民出版社 1974 年版，第 24 页。

图 4-8　西王母图像　画像石　山东嘉祥宋山出土

图 4-9　四川骑鹿升仙画像砖

所有仙界图像，都是通过营造仙界诸形象，表达当时人升仙的愿望，这代表了汉人对死后世界的美好憧憬。大概没有哪一个朝代如汉人那样沉迷于对仙界的追求与塑造，其热情之高涨，图像之绮丽，都使汉代成为独一无二的求仙时代。

五 圣贤之道
——故事题材的礼教色彩

在画像石的繁杂图像系统之中,负载最多观念意义的是对众多历史故事题材的选择与表现。历史故事是对曾经的人间现实题材的升华性表现。在历史人物、故事传说中,往往寄寓了汉画像石制造者一定的思想观念。尤其是在丧葬环境中表现历史故事,更不是随意所为,往往在题材选取上就存在一定的原则,再加上画像石制作者的艺术加工,故事更增加了先入为主的符号特征和观念意义。

汉画像石的图像体系中展示了历史故事的壮观画卷,故事内容涉及了诸多方面。不过,在丰富无比的题材中却也有一些较常见的母题,通过主要人物和标志性场景,表达相似的观念。其中,帝王、圣贤类故事就负载了颇多的礼教色彩。

过去说唱艺人常说这样一句话:"自从盘古开天地,三皇五帝到如今"。"三皇五帝"成为后世人们追溯历史的口头禅。相传盘古开天地之后,伏羲为三皇中的第一皇,黄帝为五帝中的第一帝。但是,由于时间的遥远和故事传说的纷杂,关于"三皇五帝"的所指并不统一,下面是一些主要的说法:

图 5-1　山东嘉祥武梁祠西壁画像石

"三皇"：

①燧人、伏羲、神农(《尚书大传》)；

②伏羲、女娲、神农(《风俗通义》)；

③伏羲、祝融、神农(《风俗通义》)；

④伏羲、神农、共工(《风俗通义》)；

⑤伏羲、神农、黄帝(《古微书》)；

"五帝"：

①黄帝、颛顼、帝喾(kù)、尧、舜(《大戴礼记》)；

②庖牺、神农、黄帝、尧、舜(《战国策》)；

③太昊、炎帝、黄帝、少昊、颛顼(《吕氏春秋》)；

④黄帝、少昊、颛顼、帝喾、尧(《资治通鉴外纪》)；

⑤少昊、颛顼、帝喾、尧、舜(伪《尚书序》)；

在画像石图像系统中，"三皇五帝"也未有统一的说法。较为集中的表现"三皇五帝"，是在山东嘉祥武梁祠西壁画像石上。图 5-1 是该石尖顶部分，是西王母的仙界系统图像，尖顶下方第一层图像便是一组排列有序的帝王组像，每个图像的左边还有一句题记，成为我们识读具体人物的重要线索。图像从右至左，其上题记依次为：

伏羲仓颉，初造王业，画卦结绳，以理海内。

祝融氏无所造为，未有耆欲，刑罚未施。

神农氏因宜教田，辟土种谷，以振万民。

黄帝多所改作，造兵井田，垂衣裳，立宫宅。

帝颛顼高阳者，黄帝之孙而昌意之子。

帝喾高辛者，黄帝之曾孙也。

帝尧放勋，其仁如天，其知如神。就之如日，望之如云。

帝舜名重华，耕于历山，外养三年。

夏禹长于地理，脉泉知阴，随时设防，退为肉刑。

夏桀。

以上 10 幅图像，又可以分成三组：伏羲、祝融、神农为"三皇""；黄帝、颛顼、帝喾、帝尧、帝舜为"五帝""；夏禹、夏桀为中国王朝史第一朝中的首末两位帝王，前者为开国明君，后者为亡国昏君。

图 5-2　伏羲、女娲像

伏羲、女娲作为历史部分的第一幅图像，在图像系统中有特殊的地位，他们既被作为人类的始祖，同时又有神性，是连接“天”与“人”的关键环节(图 5-2)。有学者敏锐地发现了其中的意义：

伏羲屹立于历史的开端，人们认为他是一位连接神界与人间的神祇，他的伟大在于可以向人类传达神灵的训言。这一特殊的历史位置以其半人半蛇的混合形体表现出来。他手持矩尺，表明他能够“设计”世界。他司掌着人类社会最高的法则——婚姻的律条，这一观念解释了为何把伏羲与女娲描绘在一起。画像中，这对神祇蛇体相缠，从中间诞生出一位幼儿，他双手攀拉其父母，象征着人类的童年。[①]

也有学者指出了这对图像和西王母、东王公图像对汉人的特殊意义：“至于两对主神间的相互关系，前者作为远古的先祖，后者作为现世升仙的导师，一古一今，对于汉人来说，都具有同样的重要性。”[②]“西汉末年到东汉末年，是伏羲女娲在史乘上最煊赫的时代。”[③]这对图像多以人首蛇躯、执规矩而交尾的符号化形象在汉代画像石、壁画等样式中大量存在。(伏羲、女娲手执之物主要有规矩、日月、仙草三种，其躯体或分开相对或交尾一起，有变式现象。)

在众多图像之中，伏羲、女娲图像的反复出现是一个不容忽视的现象，其意义非同寻常。除了伏羲、女娲图像所暗示的“祖神”、“婚姻律条”的意义外，本书认为这对特殊图像的出现还反映了汉人独特的时代心态，即对宇宙空间和人类历史关系的终极探究精神。

① 巫鸿：《武梁祠解读》，载《美术史与观念史》，范景中、曹意强主编，南京师范大学出版社 2003 年版，第 39 页。

② 陈履生：《神话主神研究》紫禁城出版社 1987 年版，第 12 页。

③ 闻一多：《伏羲考》，《神话与诗》，华东师范大学出版社 1997 年版。

司马迁认为自己写作《史记》的目的在于“究天人之际，通古今之变，成一家之言”（司马迁《报任安书》），一语道出了汉代文人的时代心态。而汉武帝在元封元年诏举贤良的对策中，首先提出的问题就是“三代受命，其符安在？”（[东汉]班固：《汉书·卷56·董仲舒传》）这是一种普遍的时代心态，即：试图通过对人世间、空间、宇宙、历史的终极探究，成就一番事业。于是，司马迁写作《史记》要追根求源，把历史上追到“五帝本纪”；《白虎通》也要对“三皇五帝”进行界定；武梁祠画像石展现人间的部分也是从“三皇五帝”开篇。这些都不是偶然为之的现象，所表现的正是汉人试图反思人类自身历史的清醒意识。

武梁祠西壁画像石上的“三皇”图像作为人类的远祖，有孕育、开化之功，他们的图像表现了这一点，四位人物衣着朴素，多著短袍短裤，自然束发，尤其是手中持有化育人类的工具（规、矩、耒耜）。“五帝”则衣着讲究，冠冕垂裳，姿态庄重，手中无物大概便于发号施令。夏禹、夏桀为中国王朝史第一朝中的首末两位帝王，前者为开国明君，后者为亡国昏君。“五帝”间的禅让关系最终被夏王朝的“家天下”制度所取代，由此造成了朝代更替、“治”与“乱”不断循环的封建历史进程。从这个角度考虑，帝王图像以夏禹和夏桀结束，蕴含着深刻的寓意。

图像中的夏禹，头戴斗笠，左手前伸，右手执耒耜，回首而顾，突出了“大禹治水”的情节。传说尧舜之世，洪水泛滥，禹父鲧治水9年，因采取筑堤挡水的方法治水失败而被处死，其身体三年不腐，化作生有三足一角的黄龙（也有说化作黄熊），禹破腹而生。禹长大成人后，代父继续治理水患。他在接受帝舜的命令后，新婚四天就离家赴职。据说他治水13年，均因怕影响工作，三过家门而不入。第一次经过家门时，儿子刚出生；第二次经过家门时，妻子抱着儿子站在门口，儿子已经能喊爸爸了；第三次经过家门时，儿子跑过去拉着他的衣襟，大禹心痛地抚摩着儿子，许诺治好洪水再回家。在禹的带领下，人们开凿山脉，疏通大河，修治大湖，终于除去了水患。舜年迈之后，禅让天下于禹，夏禹成为夏代第一位皇帝，也成为人们心目中的圣君形象。（图5–3）

图5–3　夏禹形象

图 5-4　夏桀形象

夏桀是夏朝第 16 代君主发之子，在位五十余年，为历史上著名的暴君。“桀”本是凶猛的意思，是商汤给他的谥号。据说他文武双全，赤手可以把铁钩拉直，但荒淫无度，暴虐无道，最终被放逐而饿死。画像中的夏桀，左手挥舞，右手持戈，坐在两个跪伏于地的女人身上。对于这位荒淫无道的昏君，榜题仅名字而已，却“此时无声胜有声”，能让人望而深思历史的教训。（图 5-4）

以诸侯王和圣贤故事为题材的画像主要有：齐桓公（听劝释卫）、鲁庄公、吴王、秦王、韩王、赵襄子、晋灵公（欲杀赵盾）、孔子（孔子见老子）、老子、管仲（箭射小白）、蔺相如（完璧归赵）、廉颇、范雎（辱报须贾）、魏无忌（信陵君）、赵宣孟（赵盾）、周公（周公辅成王）、晏婴（二桃杀三士）等等。下面仅以“孔子见老子”、“周公辅成王”、“泗水升鼎”三个母题试作分析。

东汉时期的画像石上，有很多表现“孔子见老子”故事的图像。撇开该故事的真实性不谈，单从孔子与老子分别作为儒家和道家的代表人物这一点来说，图像就不仅是人物之间的一般相见，通过图像暗含了当时人对儒家与道家两大思想体系的看法。汉初七十年间，道家清静无为思想占据了统治地位，其后则“罢黜百家，独尊儒术”，儒家思想又成为统治阶层的思想支柱。正如司马迁在《史记》中所说的那样，“世之学老子者则绌儒学，儒学亦绌老子。‘道不同不相为谋’，岂谓是耶？”大概司马迁时代儒道两家的关系还是比较紧张的。而后来众多画像石出现“孔子见老子”故事图像，则寄寓了儒道两家交流与沟通的意义。

“孔子见老子”故事早有记载。《史记·孔子世家》中说，孔子的学生南宫敬叔曾经帮他向鲁昭公请求了一辆车、两匹马、一名童仆，并随他一起前往周都洛阳，拜见老子以问礼。孔子告辞要走的时候，老子送他话说：“我没有什么东西送你，就送你几句话吧：聪敏而明察的人常常受到死亡的威力，那是因为他喜欢议论别人的缘故；博学而善辩的人常遭厄运危及自身，那是因为他好揭发别人罪恶的缘故。做子女的应该忘掉自己而心里想着父母，做臣下的更要忘掉自己而心里想着君主。"《史记·老子韩非列传》也记载了会见时的言谈，当孔子在周见到了老子，向老子请教礼的学问时，老子却对他说："你所说的言论，倡导它的人与他的骨头都已经腐烂了，只有他的言论还在。况且君子时运来了就做官以服务于社会，生不逢时则与世浮沉以独善其身。我听说，善于经商的人善于藏而不露，好像什么东西也没有；仁人君子虽有高尚的品德，却大智若愚。抛弃你的傲气和过多的欲望，抛弃你不自然的神色和过大的志向，这些对于你自身都是没有好处的。我能告诉你的，就这些罢。"孔子回去以后对弟子们说："鸟，我知道它能飞；鱼，我知道它能游；兽，我知道它能跑。会跑的可以织网捕获它，会游的可制成丝线去钓它，会飞的可以用箭去射它。至于龙，我就不知道该怎么办了，它是驾着风而上天的。我今天见到的老子，大概就是龙吧！"

从以上记载可以得知，孔子是积极入世的，希望能被时局所用。而老子则是清静无为的，善于明哲保身。入世与出世，在朝与在野，一直是中国文人所要面对的难题，患得患失，进亦忧，退亦忧，也是他们心中难以割舍的情结。至于"孔子见老子"图像是否在扬道家贬儒家，也很难下断语。通过图像中长长的孔子弟子队伍，也可以认为是在表现孔子与儒家弟子们谦虚、包容、善于学习别人的品质。在汉画石老子和孔子图像的中间，还刻有一个矮小可爱，手推风车（飞轮），站在老子前面仰对孔子的"儿童"形象，一般认为是神童项橐。项橐与孔子见老子本无关系，所以放在这里，大概是因为传说中项橐 7 岁时做过孔子老师的缘故。

图 5–5 为山东平邑功曹阙北面画像，图像共四层，其中第一层刻有"孔子见老子"图像。该石刻于东汉章帝章和元年（公元 87 年）。右边老子扶曲杖，身形矮小，推轮面对左边的是项橐，左边五人右向恭立，众人上方图像为一人、一马和二朱雀。图像虽然有些漫漶不清，但符号性特征非常明显，气息也十分古朴。

图 5–5　山东平邑功曹阙北面画像

图 5–6　孔子见老子　嘉祥县满铜乡宋山出土

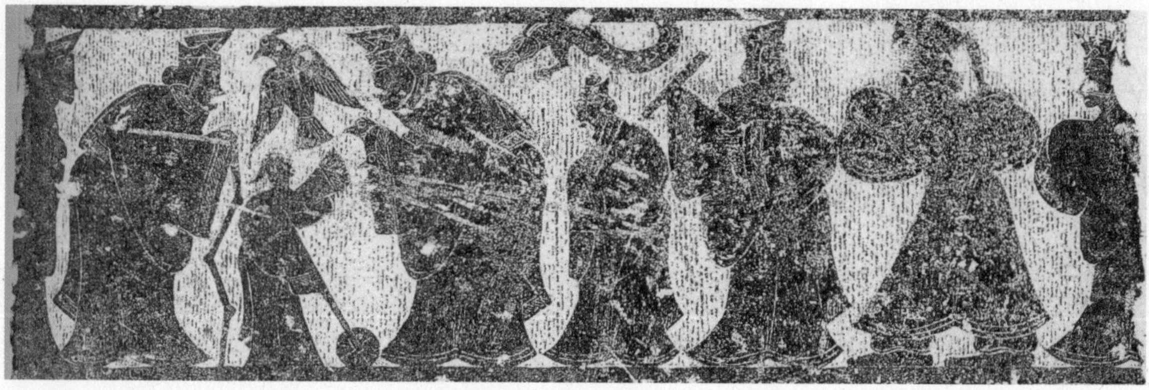

图 5–7　孔子见老子图像

图 5–8　孔子见老子图像

图 5-6 是出土于嘉祥县满硐乡宋山的孔子见老子画像石，左面为拄拐杖的老子，其右边孩童为项橐，左手指孔子，右手推轮，孔子身后当为颜回、子路。子路形象非常特别，两个胳膊外露，交手卧简，戴着鸡冠，胡须上翘，眼睛圆睁，虎虎有生气。其造型独特，正面的身子，侧面的头部，而头上眼睛又是正面的。该石刻于东汉早期(公元 25~公元 88 年)。仲由字子路，子路是孔子得意门生，鲁国卞(今山东泗水县泉林镇卞桥村)人，爱好勇力，性格鲁莽，重友守诺，事亲至孝，为人仗义，是孔子门徒中性格独异的一位。《史记·仲尼弟子列传》载："子路性鄙，好勇力，志伉直，冠雄鸡，佩猳豚。"除学诗、礼外，还为孔子赶车，做侍卫，跟随孔子周游列国，深得孔子器重。孔子称赞说："子路好勇，闻过则喜。"图像形象表现了子路的装束和性格，使人过目不忘。

图 5-7 和图 5-8 的画像石都刻有孔子见老子图像，图像制作方法大同小异。图 5-7 孔子在袖口露出两个鸟头，说明当时是执鸟礼拜见老子，同时又填补了画面的空处，十分巧妙。

山东孝堂山石祠后壁画像第三层刻有孔子见老子故事。该石刻于东汉章帝时期(公元 76~公元 88 年)。中间孔子拄着鸠杖，有榜题"孔子"，与孔子相对的为拄曲杖的老子和项橐，项橐儿童模样，左手推轮，右手指着孔子，孔子身后 30 人，老子身后 14 人，皆捧简侧立，当为孔子弟子们。队伍人数众多，身形不一，且有模样的细微不同，图像采取了并列横排的方式，没有透视现象，益显规模宏大，别有气势。武氏祠前石室东壁、西壁的上石画像、东西段承岩石画像，以及武氏祠左石室都刻有"孔子见老子"图像，人数众多，规模更为宏大。刻有"孔子见老子"图像的还有大汶口墓门楣画像，弟子图像也是比较多的一件。(图 5-9)

图 5-9　大汶口墓门楣孔子见老子图像

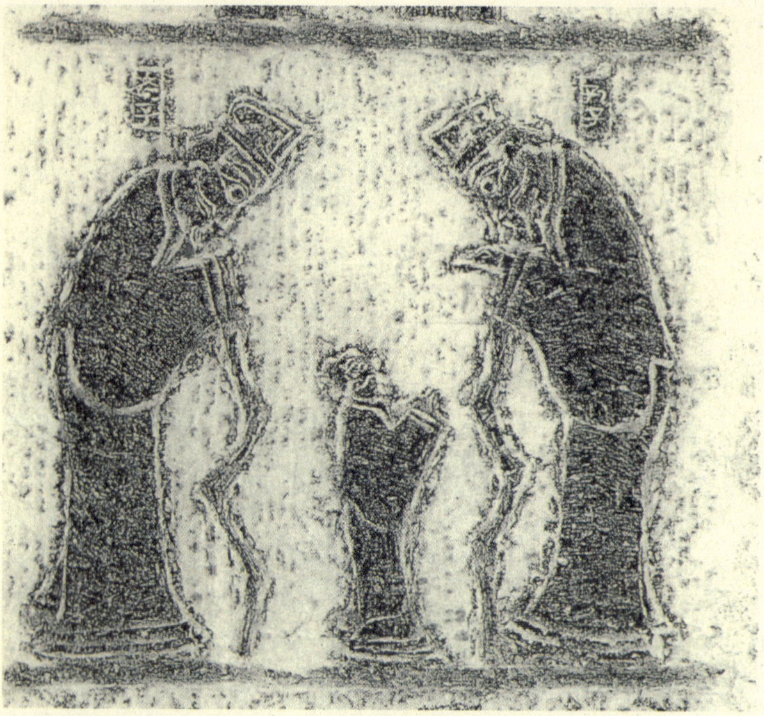

图 5-10　山东嘉祥纸坊镇敬老院出土画像石的第二层

汉画像石的众多故事母题，往往都有一个核心图像，只要几个标志性因素一出现，马上就能让我们想到图像所要表达的主题是什么。孔子见老子图像的核心图像就是三个人物及其组合关系，在对立的两个老人图像之间有一孩童图像，孩童或徒手指着另一老者，或一手指老者一手推小轮。其他图像只不过多添加一些弟子图像而已。(图 5-10)

和孔子见老子图像相近的另一图像是周公辅成王图像。

周公姓姬名旦，是周文王的儿子，周武王的弟弟，他帮助武王灭商，成为西周的开国元老。武王死后，其子成王尚在襁褓之中。周公怕有人因成王年幼而背叛朝廷，就替成王处理国家大事。后来果然有人乘成王年幼兴兵造反，周公坚定果断地举兵征讨，及时地平定了叛乱，并大力分封诸侯使之顺应周王朝。成王长大能理朝政了，周公就把政权还给成王，仍作为臣子谨慎恭敬地听命于成王。周公在辅政时曾有大臣散布"周公要夺权"的流言，周公身受委屈却坚持不懈，又能功成身退，最终赢得了人们的理解和尊重。

图 5-11 为山东嘉祥纸坊镇敬老院出土的画像石的第二层，刻于东汉早期(公元 25~公元 88 年)，图像共老少三人，在中间有一少年形象，头戴束腰圆帽身穿交领长袖袍，榜题"成王"；左边有一躬身为少年手持曲盖的老者，榜题"周公"，右边为一手拄拐杖的老者，榜题"召公"。图像静穆谦恭，符号性很强。

图 5-12 为宋山小石祠西壁画像的图像，刻于东汉桓帝、灵帝时期(公元 147~公元 189 年)，第二层为周公辅成王的故事：中间头戴山形冠的童子立于榻上，当为成王；其左一人执曲柄伞

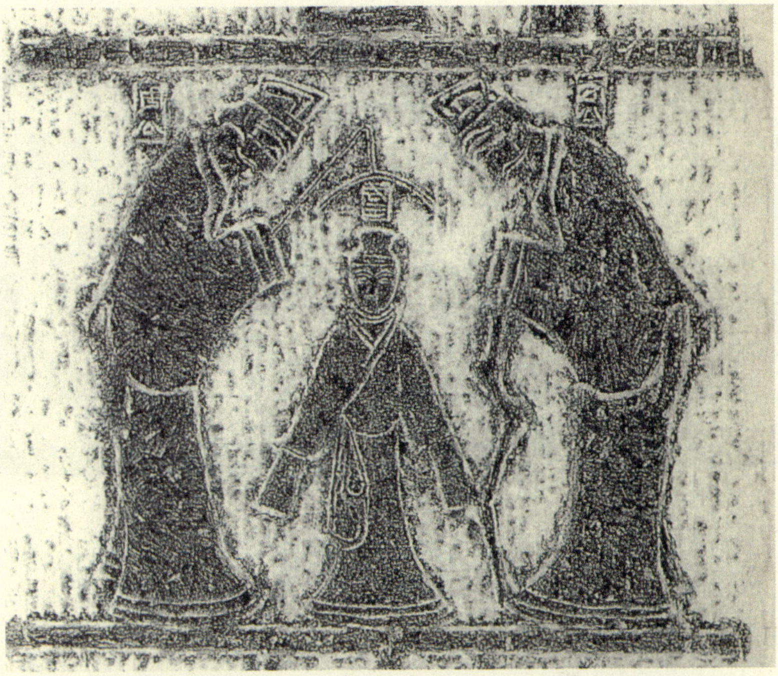

图 5-11　山东嘉祥纸坊镇敬老院出土画像石的第二层

图 5-12　宋山小石祠西壁画像

盖，其右一人跪拜，两侧各有二人执笏恭立。和上面的图像相比，这一图像在标志性图像之外又根据画面需要添加了四位大臣形象，人物更为丰富，情态的塑造也更为生动。人物均正衣博戴，体形宽博，气象厚重，图像制作采取减地平面线刻，造型准确，线条流畅而有力度。这是画像石制作技术比较成熟的产物。

在山东画像石中，孔子见老子、周公辅成王的图像非常多，并且多结伴出现，大概因为周公是鲁国的开国之君，孔子生长于鲁国的原因，这也共同铸就了鲁地礼仪之邦的人文传统。

另一出现频率比较高的图像为“泗水升鼎”，在山东、江苏、河南、四川等地画像石集中的地区，都有这一题材出现。虽然表现方式各有不同，但是都因为有升鼎情节出现，故而让人一下就能看出所要表现的主题。

图 5-13　山东肥城孝堂山石祠画像泗水升鼎

“泗水升鼎”的文献记载，最早见于《史记·秦始皇本纪》：“（秦昭王五十二年）周民东亡，其器九鼎入秦。”《正义》对此解释道：“禹贡金九牧，铸鼎于荆山之下，各象九州之物，故言九鼎。历殷至周赧王(五)十九年，秦昭王取九鼎，其一飞入泗水，余八入于秦中。”“始皇还，过彭城，斋戒祷祠，欲出周鼎泗水，使千人没水求之，弗得。”

《水经注·泗水》中记述的更详细一些：“周显王四十二年，九鼎沦没泗渊，秦始皇时而鼎见于斯水，始皇自以德合三代，大喜，使数千人没水求之，不得，所谓‘鼎伏’也；亦云系而行之，未出，龙齿啮断其系。”

以上记载便是“泗水升鼎”故事的蓝本。早有专家学者对这一故事的真实性持怀疑态度，因为文献本身也有矛盾之处，《史记·秦始皇本纪》认为秦昭王取九鼎，只有其一飞入泗水，而《水经注·泗水》则说是九鼎沦没泗水之中。其实，故事就是故事，就像画像石中还有神仙传说一样，重要的不是对其真实性的考察，而是要研究当时人选用该题材的目的何在，表现方式的独特性何在。

“泗水升鼎”题材，尽管表现的艺术手法和艺术形式不同，但都是突出表现了升鼎关键时刻龙头咬断绳子的瞬间情景（即“系而行之，未出，龙齿啮断其系”的画面），说明秦政的不得人心和对人生、社会之“定数”（人们所相信的“命运”与“天意”）的表现，通过故事仿佛意在提醒人们反思秦政短命的原因。

图 5-14　河南新野樊集出土的泗水捞鼎画像砖

图 5-13 为山东肥城孝堂山石祠画像泗水升鼎部分，为《金石索》之木版摹刻本。该图不能以现在的透视习惯去看，画面表面看是水面和桥的侧面图，其实是为了把意思说清楚而采取的画面平面组合的方法。画面中的抛物线代表了河面的外轮廓，上面有相向的两组共 8 人弯腰拉绳索，河中有升鼎所架起的两根竖杆，绳索就是通过竖杆的滑动装置来升鼎的。河的两岸有为便于观看升鼎的高筑的台状物，5 人分列其上俯视升鼎情景。此时，三足圆鼎已经升离水面，水面船上一人用竿子协助升鼎，鼎中出现龙头咬断绳索。画面表现的是故事的高潮阶段。

图 5-14 为河南新野樊集出土画像砖上的泗水捞鼎图像。该图像高 34.5 厘米，宽 120 厘米，原为一块实心砖的一面，画面中有一木制拱桥，桥下有带斗拱的两柱支撑。桥上有栏杆，两端各树一表木。桥面正中建一鼓，二人在持桴击鼓，姿态飞扬激越，鼓上羽葆飘扬，煞有气势。桥面两端各二人赤膊跨步，执绳做牵引状，牵引三足圆鼎的绳子被龙头咬断，桥下两船各有二人手执圆环，面对下落的圆鼎惊惶失措，为表现绳子被咬断的瞬间紧张氛围，桥面拉车的一马已经因受惊吓后蹄落下桥面。画面所塑造的紧张气氛比图 5-13 更为充分，构图也更为合理，并巧妙地把原来的抛物线变成了一桥的侧面。

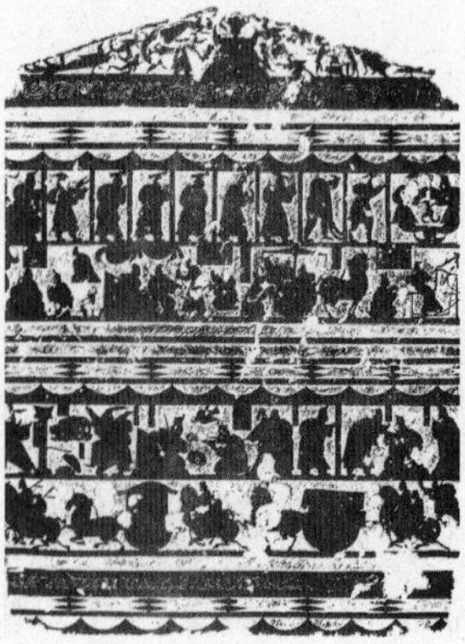

六　孝节典范

——忠臣孝子与节妇义母

在汉画像石的图像系统中，除了对圣贤类题材的表现，还有对忠臣孝子类、节妇义母类题材的表现。忠臣孝子类主要指的是男性，节妇义母类主要是女性。也就是说，汉画像石的故事题材对男性角色和女性角色有不同的道德要求。男性所遵守(或曰倡导)的是“忠”、“孝”；女性所遵守(或曰倡导)的是“节”、“义”。下面略举几例：

图 6–1 表现的是伯榆伤亲的故事，伯榆是一位大孝子，对母亲尊敬不怠，做事不合母亲心意，母亲便用拐杖打他。一次，母亲打他的时候，他一改往日的忍耐，大哭起来，母亲问他为什么哭，他回答说：“以往您打我的力气大，可现在我却感觉不到疼痛，说明您气力稍衰，您变老了，所以我伤心。”在图 6–1 左图的木刻拓片上，榜题：“伯榆伤亲年老气力稍衰，笞之不痛，心怀楚。”左图的画像，母亲背已微驼，拄着曲杖，手指跪着的伯榆，发怒质问的样子，右边的儿子也已经显老，双腿跪地，双手拱起，一副胆怯伤心的样子。右图的画像为原石拓片，榜题“伯游母”、“伯游也”，姿态与左图大同小异，可是情节的刻画却更为生动。母亲更显苍老，右手拄曲杖，左手伸出，示意年老的儿子快起来，显得有些不忍心。慈母与孝子的心态给生动表现了出来。母亲左边添加一硕大的飞鸟，伯游右边有一人，二者正注视中间二人，整个构图更为紧凑与生动。

老莱子也是一位大孝子，生怕父母感觉他们自己变老，变着法儿使父母高兴。图 6–2 便是老莱子娱亲的画像。据说老莱子是楚国人，他 70 岁的时候父母还健在，他常常穿着斑斓之衣伺候双亲。一次，因为自

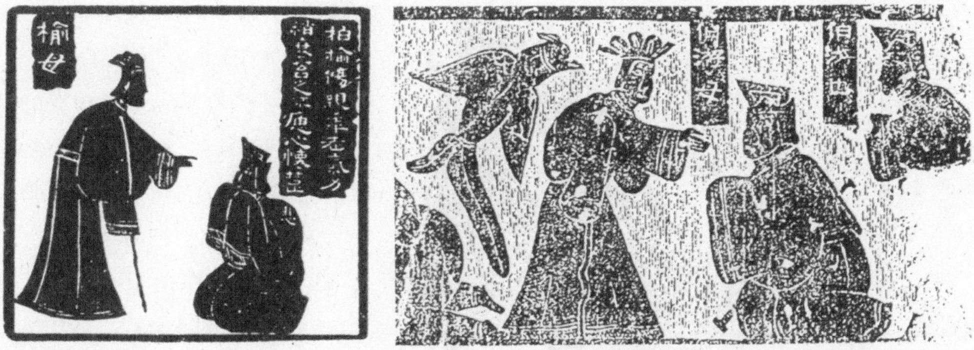

图 6-1　伯榆画像

己也年事渐高，不小心在父母面前跌了一脚，又恐父母发现自己变老，便顺势伏地装出婴儿啼哭的样子，使父母高兴不已。榜题“老莱子，楚人也。事亲至孝，衣服斑连，婴儿之态，令亲有欢。君子嘉之，孝道大焉。”图像均为父母二人相向交谈状，其中母亲用手指着伏地的老莱子，一派愉悦的场面。

伯榆和老莱子是为了自己的父母尽孝，而“李善抚孤”故事中的李善则把这一孝心推之于主人，成为对主子忠心不二的典型形象。据传，李善所效忠的是李氏一家，在建武年间的一次瘟疫中，主人一家相继死没，只剩下一位刚出生不久的小主人李续。众奴婢看到李家的千万家产，就合谋想除掉李续，然后分其家产。忠厚的李善虽不同意却势单力薄，无奈抱着李续逃走，隐居起来，亲自抚养小主人，其间受尽了千般艰辛。但是，在抚养小主人的过程中却一直坚持礼节，向对待老主人一样对待小

图 6-2　老莱子娱亲的画像

主人，有事时则长跪请示，然后再做。李善的忠心感动了周围的乡亲，大家对他赞颂有加。待李续长到10岁的时候，李善带着他回归本县，借助县官的帮助，逮捕处理了当时谋分李家家产的那些奴婢，为李家伸张了正义。图6–3为武氏祠李善抚孤画像，李善跪在地上，双手打拱，正跪拜尚处于摇篮中的小主人。榜题："李氏遗孤，忠孝李善。"

图6–3　李善抚孤画像　武氏祠

图6–4刻画的是"闵子骞御车失棰"的故事。闵子骞与继母住在一起，而继母爱有偏心，厚爱自己带来的孩子，却不让闵子骞吃饱穿暖，闵子骞忍受折磨，却考虑到后母与父亲的关系，一直没把受虐待的事给父亲说。在一次为父亲驾车的时候，饥寒交迫的闵子骞不小心把手中的鞭子掉落下去，这才引起父亲的注意，父亲

图6–4　闵子骞御车失棰画像

欲惩罚子骞后母，闵子骞好言相劝才使父亲打消原来的念头，而继母被闵子骞的孝心所感化，改变了原来的偏爱，一家人和谐相处。刻画的是闵子骞御车失棰后跪在父亲车边，父亲手扶闵子骞发现事情原委的情节，父亲右边还把继母子画在上面，以示爱有偏颇之意。继母没有出现，故事情节却已经一目了然。闵子骞也是一片孝心，不止对自己的父母，而且对继母也一样，故事显然是出于对伦理秩序的肯定。这种孝心是更广泛的爱心。

孝孙原穀也是汉画像石上的一个孝子形象。与以上情节不同的是，他表现的是对隔辈人的孝心，并且用自己的孝心和智慧最终感化了自己的父母。图 6–5 表现的便是这一故事。原穀的祖父年老了，原穀的父母嫌弃他，想把老人扔掉。原穀当时 15 岁，哭喊着他们不要那样做，原穀的父母不听劝告，做好舆，盛上他们的父亲，把他抬到荒郊野外抛弃掉。这时跟着他们前往的原穀却把盛放老人的工具(舆)收回，原穀的父亲问："为什么还要这个凶器？"原穀镇定地回答："等你们年老像爷爷一样的时候我还得再用它啊！"听到这番话，原穀的父亲才感觉到愧疚，赶紧把抛弃的老人抬回家赡养，后来成为一位孝子，原穀成为孝孙。画像画一孩童手持一物(舆)，为原穀，面对的一坐着的老人，为原穀祖父，原穀身后一壮年人，当为原穀父亲，该人身体后倾，站立不稳，欲言又止的窘迫状。榜题和添加的一鸟的形象平衡了画面，构图非常巧妙，人物心理也恰当地揭示出来。这一故事仿佛说明，爱是可以传递的，忠孝是可以感化的，只有对自己的父母孝顺，日后才能得到自己儿女的孝顺，只有对别人有忠心和孝心，才会赢得后来者对自己的忠心和孝心。孝孙原穀的故事使孝道成为一种传统，其原意是值得人们反复体味的。

以上所举汉画像石中的数例，从成年男性到未成年的男性，从对待自己的父母到对待自己的继父母乃至隔代的父母，以及自己的主人，忠孝成为男性的道德规范。那么，画像石中又是如何刻画女性形象的呢？

梁高行画像是武梁祠故事系列的第一幅画像，应当有特殊的用意。梁高行是梁国的一位寡妇，丈夫死的早，她美丽动人，又品行高尚，梁国的贵人争相娶她，她却不答应。梁王听说此事后，派身边大臣前去提亲。梁高行说："我的丈夫不幸早死，先我而去，我抚养他年幼的孩子，很多人想再娶我，我都不为之所动。现在大王却又来提亲。我听说为妇之道，从一而终，成全贞信之节。今天如果我忘死而趋生，就是'不信'；贵而忘贱，就是'不贞'；弃义而从利，就无法为人。"于是，

图 6–5　原穀画像

图 6-6　梁高行画像

梁高行拿着镜子和刀子，把自己的鼻子割下来了！然后对梁王的大臣说：“我已经这样了，之所以不死，是不忍心让年幼的孩子再失去母亲。梁王因为我的美貌而求我，我今天成了‘刑余之人’，可以解脱了。”梁王得到汇报后，非常感慨，称其为“梁高行”。图 6–6 中左手持刀，右手援镜照脸，高戴凤冠的便是梁高行。她前面有乘坐马车而来跪捧礼金的使者和手持节杖的使者，已经被梁高行的举动震惊了，梁高行后面还有一使者，惊呼制止状。画像在众目集中之处，表现了烈女梁高行自残的惊人举动。

图 6–7 刻画的是“梁节姑姊”的故事。榜题曰：“姑姊，其室失火，取兄子往，辄得其子。赴火如亡，示其诚也。”姑姊的儿子和其兄长的儿子在一块玩耍，房间失火，两个孩子面对共同的危险，姑姊首先想要救兄长的儿子，当看到救出的是自己的儿子时，她觉得对兄子没有尽到看护责任，自己就要投火焚身，以表后悔的心情。画面中的房子失火，房顶被烧得掉下烈焰，姑姊手欲拉兄子的手，可无能为力，最终失之交臂，于是姑姊欲投身火海，幸而被后面赶来的救援者拉住。下图(木刻本)把姑姊和兄子的手画成连在一起的样子，实在没有稍显模糊的原作图像(上图)好。在

图 6–7　梁节姑姊　武氏祠

图 6-8　鲁义姑姊　武氏祠

图 6-9　鲁义姑姊　武氏祠

画面的左上方，一大一小两个孩子在手拉手玩耍，实际上画的是姑姊的儿子和其兄长的儿子在火灾发生前的情景。画像石的创造者把不同时段的情景画在一个平面上，是汉画像石常用的一种叙事手法。这样，既交代清楚了事件发生的来龙去脉，又通过并列对比增加了故事的悲剧气氛。这种手法是非常耐人寻味的。

图 6-8 和图 6-9 都是武氏祠画像石的“鲁义姑姊”的故事。

齐国军队在进攻鲁国的时候，见一姑姊携带两个孩子逃跑，为了不让军队追上，姑姊放下一孩子，抱着另一孩子继续逃跑。当他们追上姑姊时，才知姑姊抱着的孩子是兄之子，而舍下的孩子正是自己的亲生子。齐将军大惑不解地问：“子之与母，其亲爱也，痛甚于心，今释之，而反抱兄之子，何也？”妇人曰：“己之子，私爱也；兄之子，公义也。夫背公义而向私爱，亡兄子而存妾子，幸而得幸，则鲁君不吾畜，大夫不吾养，庶民国人不吾与也。夫如是，则胁肩无所容，而累足无所履也。”背私爱而向公义，舍己为人，成为鲁国姑姊的伟大之处，所以她被称为“鲁义姑姊”。图 6-8 中姑姊抱着的孩子当为兄之子，而左上快乐玩耍的则是自己的亲生子，这一表现方式和图 6-7 表现孩子的方法是一致的。更加突出了鲁义姑姊背私爱而向公义的伟大之处。图 6-9 姑姊用左手怀抱兄之子，右手抛弃亲生子，孩子与母亲拉着的手已经分开，后面追兵骑马飞奔追来，增加了故事的紧张感。

图 6–10　齐继义母　武氏祠

图 6–10 为武氏祠画像石中齐继义母的故事。

齐国一继母的前妻之子在外误杀了人，当骑吏追来捉拿凶手时，继母为保全前妻之子，却让亲生子承认杀人。当骑吏问为什么这样做时，她回答说："(前妻之子)其父疾，且死之时，嘱之于妾曰：'善养视之。'妾曰：'诺。'今既受人之托，许人以诺，岂可以忘人之托，而不信其诺耶？且杀兄活弟，是以私爱费公义也；背言忘信，是期死者也。夫言不约束，已诺不分，何以居于世哉？子虽痛乎，独谓行何？"这和鲁义姑姊"背私爱而向公义"的观点有异曲同工之处。所以，我们可以说这是一类故事。图中仰面朝天者为被杀之人，手拿刀子者为前妻之子(真正的凶手)，而面向骑吏跪地者为继母亲生子，继母在后面打着手势，似乎示意骑吏把自己的亲生子逮捕。在画面的组成上，拿刀者和死者出现在前一个时段发生的事中所以死者不是僵死地上，而是作挣扎状；而骑吏、继母、继母之子则是出现在后一个时段发生的事中。二者出现在一个画面上，同样是汉画像石创作者的惯常表现方法。

对以上几类历史故事作综合研究，可以发现汉代图像艺术的观念意义：

对帝王、圣贤形象的刻画和有关故事的表现，意在倡导“仁政”，启示人们反思历史兴衰的原因，在图像背后寄予了政通人和的愿望。忠臣孝子类故事宣扬的是“忠”和“孝”的观念，作为人臣要忠心不二，作为子女要遵守孝道，节妇义母宣扬的是“节”和“义”的观念。通过图像艺术所宣扬的道德观念，主要是当时的“三纲五常”思想：“君为臣纲、父为子纲、夫为妻纲”和“仁义礼智信”，这种伦理因为有当时阴阳五行观念的盛行，故深入人心。中国古人深信“治国如治家”的观念，在“家”与“国”之间，有相通的道理，在家不孝就很难对国君尽忠，而国家纷乱小家也就难以安宁。我们今天所盛赞的汉代艺术，其形式本身蕴涵着丰富的观念意义。

当然，两千年后的今天，我们应该对画像石所宣扬的道德伦理观念有正确的认识，剔除其封建意识所造成的愚忠愚孝、愚节愚义的部分，吸取并发扬其舍己为人，舍私爱而趋公义的成分，多吸取其对社会和谐有用的精神因素，使汉画像石艺术精神真正服务于当今社会和人生。

七　火热人生
——汉画像石的现实世界

社会现实生活是最丰富多彩的，是汉代画像石创造者俯拾即是的创作源泉，因此这部分内容在汉画像石的图像系统中有突出表现。或者是描绘代表墓主财富的农田、牧场、作坊以及生动细腻的生产劳动等图像；或者表现墓主生前所生活的宅院、仓廪、庖厨、宴饮、乐舞、百戏和讲学、献俘等活动。图像琳琅满目，形式形象生动，这实际上成了后人了解汉代社会的最直观材料，因此备受重视。

所有现实世界的图像，从根本上说，都意在表现墓主对这些财富的占有权，他们生前所拥有的，死后也要继续拥有。于是，他们让民间艺人（画工、石工等）通过描绘、刻画、塑造等方式制作图像，表现出生前所能拥有的财富，并试图把它们统统带入冥间世界，供其死后继续享受。所以，在图像艺术中出现了那么多逼真反映当时平民现实生活、生产劳动的图像。其实，这并不表明墓主具有多少民间情趣或人文关怀，而是墓主试图在未来世界里继续对生前财富的占有。“事死如事生”的观念在这一图像体系中表现最为充分。如果说神界、仙界、故事系列的图像体系是对现实世界的曲折反映，那么这一现实题材的画像石图像则是对当时社会和人生活动的“写真集”，反映出的正是汉人的火热人生。

图 7-1　江苏睢宁县双沟地区搜集耕种图像　画像石

20 世纪 50 年代初期，江苏睢宁县双沟地区搜集到一块刻有耕种图像的画像石。图 7-1 该石高 80 厘米，宽 106 厘米，现藏中国历史博物馆。图像分三层，上两层刻人物故事，下刻“牛耕图”：二牛拉犁，一人右手扶犁，左手拿鞭，大跨步奋进状；其后一儿童左手提篮，右手扬撒，健步随墒下种状；图像左上角一小牛自由走动，其后一人举农具下刨，一人担担送饭，担子前为罐子，后为篮子，里面应为食物。右上角一手拉双轮农家车，车上有三只家禽，车左地上一家犬伏地。整个画面气氛非常温馨，生动地刻画了一家四口在田间劳动的繁忙场景，送饭、家犬、家禽三个情节的出现让人想到他们肯定有一个温馨和谐的家。他们日出而作，日落而息，善良勤劳，躬耕不辍，自足自乐。整个画面还有果实低垂的庄稼形象，暗示了丰收和富足，一股清新的泥土气息扑面而来。这一场景虽然展现的是近两千年前我国农业生产和家庭农耕生活的场景，可让今天的我们仍然感觉到如此亲切，仿佛就发生在我们身边一样。事实上，图像所展现的场景与 20 世纪 50 年代以前的农村生活场景几乎毫无差别，或许现在还存在于偏僻静谧的乡村。从生产发展水平而言，这一图像也有力地证明了东汉时期我们的先人就已使用铁犁、黄牛耕种土地的状况，这也为研究我国汉代农业生产及家庭耕作状况提供了极有价值的资料。

从图像表现形式看，构图采取了平面穿插的方法，构图满密充实，富有形式上的张力。图像以大小变化表现实际空间上的远近关系，给人以丰富的想象空间。图像巧妙地表现了动与静的结合，耕种、劳作、送饭、播种为繁忙的动态，停立的农车及上面悠闲的家禽，旁边的卧犬，又为静态；一动一静，颇具节奏感，也让人浮想联翩。构图方向感明确，所有图像一律朝向左方，仿佛前面是他们播种的希望，后面是他们温馨的归宿——家的方向。这是中国农民世世代代的生存场景，正是他们默默创造和承载了中国历史的坚实基础。

图 7–2 山东金乡县城东香城堌堆石椁画像牛耕图

图 7–2 为山东金乡县城东香城堌堆石椁画像“牛耕图”，图像位于墓侧板内面右端，(全板面高 89 厘米，宽 270 厘米)虽然也是一幅牛耕图，却与上一件的欢快气氛明显不同。图中二牛拉一犁耕地，后面一人扶犁，前面有人拽着缰绳吆喝，两牛之间还有一儿童左手扶犁辕，右手扬起作吆喝状，母牛身后一人正在驱赶，母牛下方还有一小牛奋力吃奶，右上方另一小牛正在赶来。二牛左边有一小牛(或犬)奔跑。左下方主人乘车赶来，后有一人执矛跟随，前三人或跪或立迎接，手中皆有农具。画面集中表现的是那头负重缓行的母牛形象，前有拉者，后有驱使者，肩上还拉着辕，下面小牛吃奶，艰辛挣扎之状毕现。这时赶来的主人或许正是前来监工的，如牛般劳动的仆人的处境也是可想而知的。该画像石大致制作于西汉元帝至平帝时期（公元前 48~公元 5 年)，凹面线刻，线条朴直，造型生疏，图像制作技术还十分有限。当时劳动者的生存状况正像图中负重的母牛一样，备尝艰辛，而统治他们的主人正是靠他们的血汗来享受生活。

在山西、陕西、江苏、四川等地画像石中，都有牛耕图的出现，这应当是当时农业耕作场景的真实反映。

胡汉交战图是画像石的常见题材之一，在山东、河南、江苏等地画像石中均有胡汉交战图出现。“国之大事，在祀与戎”，被动的战争是保家卫国的必然选择。作为“马背上的民族”，彪悍的匈奴人侵犯中原一直是汉人的心腹之患。自汉高祖开始，汉初 70 年中，汉朝采取了屈辱的和亲政策，暂时缓解了边境之患。自汉武帝开始，汉朝一改和亲妥协为主动进攻，使胡汉战争长达五十年。汉元帝时的昭君出塞，曾使胡汉关系一度缓和，至王莽时期又紧张起来，东汉明帝、和帝时期曾多次交兵，大败匈奴。所以，胡汉战争凝固成为汉人心中挥之不去的情结。

图 7–3 是 1980 年出土于山东嘉祥县满硐乡宋山的画像石。横 65 厘米，高 115 厘米，画面为两层，上面为胡汉交战图：左上方一骑兵正拉满弓向仓皇逃亡的胡骑瞄准欲射；一汉骑刺得胡骑即将滚鞍落马。胡骑逃亡的前方，一曲线将画面分为左右两部分，曲线左边露出三个左向的马头和一个马尾部，应该代表崇山峻岭中埋伏着的胡骑队伍。曲线右边一胡兵正在向一头领汇报。一

图 7-3　山东嘉祥且满硐乡宋山出土的画像石

条曲线便分成了两个环境，这颇有些中国戏曲的表现手法，是非常写意的，十分耐人寻味。这是汉代人所运用的图像表现的独特方式，用平面化的语言表示三维的立体空间。下面的四个人物，一汉兵手牵捆绑的两个胡兵正向汉军将官报捷，说明汉兵赢了。以上共表现了追骑、藏兵、胡兵汇报、汉兵报捷四个情节，有时间上的先后关系和空间上的转换关系，使人如同看连环画一般，表现得很是巧妙，给观看者以很大的想象空间。

其中，汉骑追击胡骑的动态也非常精彩，四匹战马奋蹄腾空，充满了紧张感。19 世纪法国大画家热里科(Gericault)的名画《爱普松赛马》中的三匹骏马，也是四蹄齐伸，腾空飞驰的样子，与此处画像石马匹的表现方式不约而同。当照相机发明后，技术上足以快拍飞驰的奔马时，拍下的快照却显示，画家们的画法和我们惯常对奔马姿势的认可是错误的。实际上没有一匹奔马的实际姿势符合画面中的马的姿势，马在四蹄离地时，马腿是交替移动的，根本不是画家手下的奔驰状态(图 7–4)。其实，艺术图像是画家对实际生活的艺术化表达方式，只是一种感觉的真实而非视觉的真实。画面的真实感并不能等同于客观的真实。(图 7–5)

图 7–6、图 7–7 为新野樊集出土的胡汉战争画像砖图像，原砖是横长方形空心大砖，其上图像高 32.5 厘米，宽 122 厘米。图 7–6 为整个图像的左半部分，图 7–7 为整个图像的右边部分。图

图 7–4

图 7–5

像边框装饰菱形纹图案。图像左边为山峰相连，左边山巅上一人踞坐，似为战争的指挥者；中间一人怒发冲冠，交腿而坐；右边一人正用足开弓。山坡上一对胡兵正在开弓射箭，山前有数匹汉骑疾驰于山间，有的从一侧冲击敌阵，有的从另一侧获胜而归，有的正追胡兵，有的手提胡兵首级。右边一体形高大者立于高台之上，为图像中形象最突出者，他正在抽剑，似为战争的汉方指挥官。旁有兰錡，上插一斧，挂一盾牌。汉方指挥者前有四颗头颅和四位拜谒者。一射手正在装箭，一人捆着一战俘正在行走，一鼓手正在击鼓，旁边二人持戟踞坐。图像表现了战争场面的繁杂，山间的伏兵、冲锋陷阵的将士、无头的死尸、散落的头颅等细节，都表现了胡汉战争的残酷性。图像根据人物的重要性而在形象上有大小之别，其实，这种造型方式表达的是一种心像，而非客观的反映，这是汉画常用的一种造型方式。

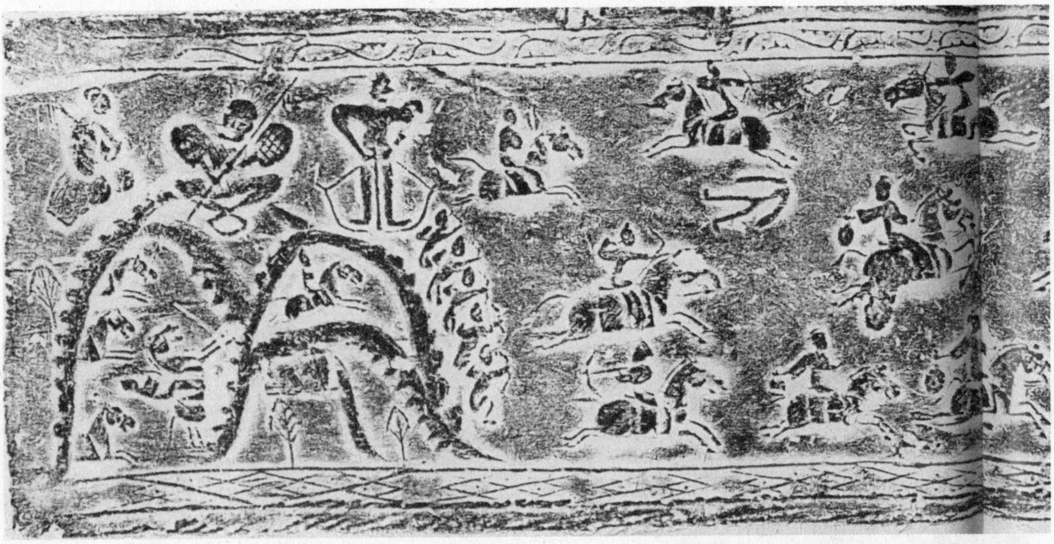

图 7-6　新野樊集出土胡汉战争画像砖

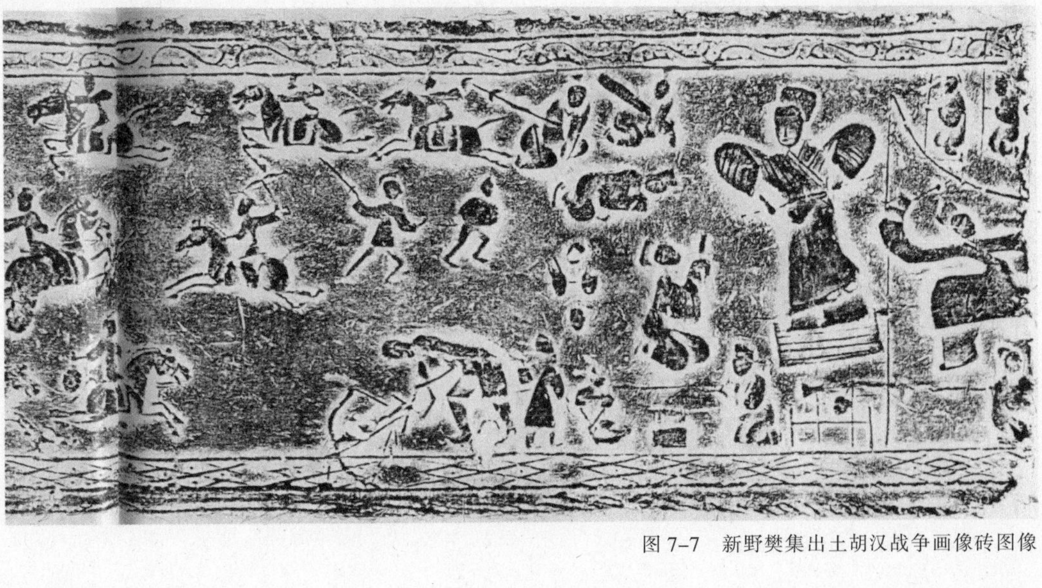

图 7-7　新野樊集出土胡汉战争画像砖图像

车马出行图是画像石图像中的最常见题材，一般认为是对墓主生前身份的再现。和林格尔1号汉墓，壁画绘有大面积的车马出行图，按出行的先后顺序，榜题有“举孝廉时”、“郎”、“西河长史出行”、“行上郡属国都尉时”、“繁阳令出行”、“使持节护乌桓校尉”，描述了墓主作为一个东汉官僚一生的仕途经历。中室东壁甬道券门绘有车马过桥图，上面榜题“使君从繁阳迁度关时”，描绘了墓主生前由繁阳县赴宁城就任乌桓校尉时途经居庸关的情境，并且把生前生活所用的下级官僚、奴仆、住所、粮仓也刻画其上，榜题标明所有权和使用权，如榜题有“繁阳县仓”、“护乌桓校尉莫府谷仓”、“上郡属国都尉西河长史吏兵马皆食大仓”。许安国祠堂有“阳遂富贵，此中人马皆食大仓，饮其江海”的题记，这个现象已经能说明，墓室图像艺术其实就是对墓主生前社会生活现象的真实再现。

孝堂山图像中也有规模宏大的车马出行队伍，并非都是该墓主生前职位所拥有的。在石祠画像的三壁上部，有一组盛大的车马出行图。在整个出行序列中，有车舆8辆，骑吏62人，步卒10人，骆驼、大象各一，在驷马主车图像榜题“大王车”，可知车主为一诸侯王；迎接这个出行队伍的有10人，前面一人榜题“相”，应为整个诸侯王之相国。从孝堂山石祠规模可知，墓主生前并非诸侯王。所以，这一盛大出行队伍被认为当时一诸侯王的出行队伍，孝堂山石祠的主人只不过生前参加过这一诸侯王的出行活动而已，是其生前荣耀经历的反映。而真正属于他的车马队伍是位于该石祠后壁下方的另一出行队伍，在6辆导车之后有一主车，另有骑吏6人，步卒3人，躬身相迎者1人，其主车榜题“二千石”，这是他的官秩，大致相当于诸侯王之“相”的身份。

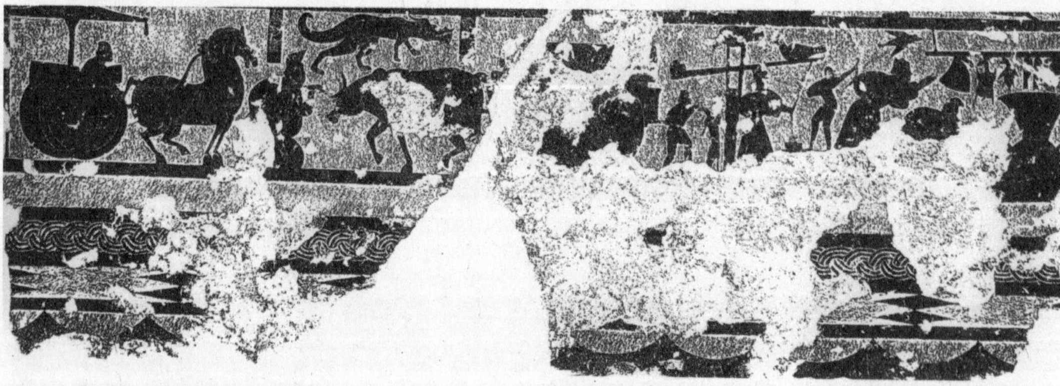

图7-8　武梁祠东壁画像(左下角)

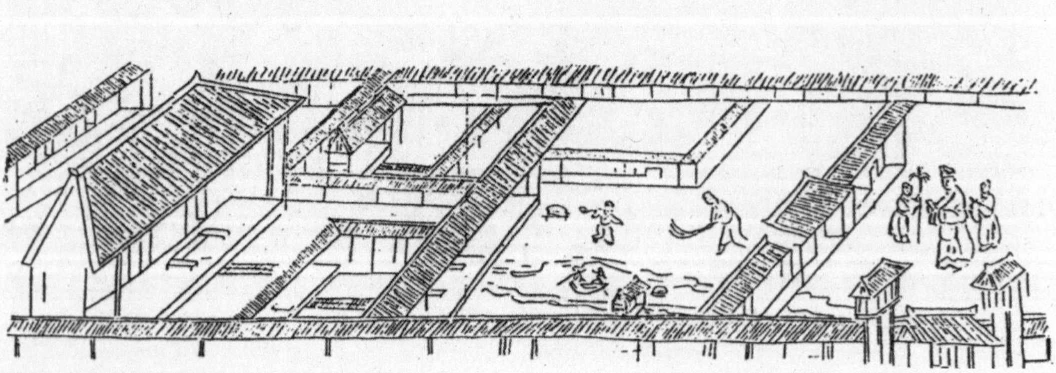

图7-9　山东诸城前凉台汉墓画像石庄园布局图

图 7-8 为武梁祠东壁画像的最左下角，是车马出行图的结束阶段，县功曹下车跪迎于处士车前面，处士车为一牛车，当为墓主武梁的车子。《从事武梁碑》曾记载，武梁是一个"州郡请召，辞疾不就。安衡门之陋，乐朝闻之义"之人，这和车马出行图中朴素的车舆形象是一致的。

山东诸城前凉台汉墓是一座结构复杂、生活图像极其丰富的大型多室砖石墓，共有前、中、后三个主墓室和六个侧室。该墓大约制作于东汉顺帝、桓帝时期（公元 126~公元 167 年），1967 年发现于前凉台村西，墓室早年被盗，随葬品仅余一个镇墓兽，13 块画像石散乱分布在墓门和三个主室之间的过道。过道横梁上两块画像石刻画了庄园布局图，这座四进院落的大庭院，布局复杂，院落中还有小院，院中还有水道、小船联系其间，厅堂瓦屋排列有致，人物穿行其中，很有规模。（图 7-9）

过道里散布的四块画像石均有盛大图像，图像主要刻画了庖厨、献俘、拜谒、讲经等场景，据统计，献俘图像共有人物 87 人，庖厨图 43 人，拜谒图 81 人。真可谓场面宏大，人物众多，情节繁杂生动，仿佛是留存至今的一部大户人家的"写真集"。

图 7-10 为其中的庖厨画像，石高 152 厘米，宽 76 厘米。图像没有分层，由一组一组的小图像平面排列，穿插而成，各忙各的，纷而不乱。观看者如同在俯视观看一个盛大现场一样。画面最上端一横梁上整齐地吊挂着加工以后备使用的生肉，自左至右分别为鳖、野鸡、鱼、兔、猪肺、猪头、猪肉、蹄膀，右一人正在切割挂着的肉。下面有 42 个厨夫、仆人各自做着手里的活。有的在煺鸡，有的在烤肉串，有的在切肉，有的在汲水，刷盆，还各有几人配合宰杀牲畜：宰羊、杀牛、宰猪。大概动物预见到将要被杀，它们各作惊恐、挣扎、躲避状，形象生动逼真，若没有对庖厨过程的观察和熟知，不会刻画得如此细致。图像的左下部和下部是酿酒的几个环节。首先是蒸煮谷米，灶台上有蒸煮用的器皿，一人站立灶旁搅拌，一人跪坐灶前添柴，后一人为他劈柴。灶台右边有两个大缸，一人正在搅拌，灶台左边也有两个大缸，一个漏缸放置在另一缸的木架

图 7-10　山东诸城前凉台仪墓画像石庖厨画像

之上，这是漏缸沥酒的环节。画面最下方是酿酒的环节，两位酿酒师在盆瓮边过滤酒水，左边两个小酒壶，下边半埋着四个大瓮，右边地面上放四口大瓮，应该是为盛酒所用。

众多画面中，画家还特意刻画了一个处罚醉酒者的细节。在图像下方中部，一人瘫坐地上，垂头垂臂，后一人躬身持酒瓢欲打瘫坐之人脑袋，瘫坐之人或许正是一厨夫，因为禁不住酒香的诱惑偷吃了酒而醉意朦胧，这时却被负责酿酒的领班看到，无奈甘愿受罚。都是酒香惹的祸！不过从醉酒者的酣态和打人的酒瓢看，只不过吓唬一下而已。这一生趣盎然的情节，说明该画像的画家是一个善于观察生活的艺术家。

汉人生活中有很多娱乐项目，在宴席上就有一项投壶游戏。《后汉书·祭遵传》记载："对酒设乐，必雅歌投壶。"投壶游戏，起源于周，流行于春秋至汉，三国两晋仍存在。图 7-11 是出土于河南南阳沙岗店的投壶图。该画像石高 40 厘米，长 134 厘米。画面中间有一个球腹长颈壶，中有二矢，壶左有一个带勺的酒尊，壶、尊的两边各有一人手持四矢瞄准欲投。按游戏规则，投壶不中者喝酒，不中的多则喝得多。左端一人看样子已经喝罚酒喝得酩酊大醉，不得不被仆人搀扶下席，右端一人侧身跪坐全神贯注地观看投壶，应为司射。

在汉人的乐舞百戏节目中，常有一些高难度动作，展示他们的彪悍与勇敢。杂技便是其中令人叹为观止的门类。孙机《汉代物质文化资料图说》将汉代的杂技分为小型节目和大型节目两类。小型节目主要有叠案、跳丸、旋盘、旋球、冲狭、吐火、幻术、雀戏、弄瓶等；大型节目主要有缘橦、履索、鱼龙戏、马术、车橦等。

图 7-12 是河南南阳的许阿瞿墓志画像，全石左边为墓志铭，右边为画像。画像分两层，上层表现的是墓主人生前游戏的场面，下层为歌舞百戏。上层端坐在榻上的是墓主人，榜题"许阿瞿"，左一侍者打扇，右三人或放鸟或拉木鸠以玩耍，内容别有一番童趣，正合了墓主人五岁去世的情节。下层左起第一人击手鼓，第二人飞剑跳丸，第三人表演七盘舞，右二人鼓瑟吹箫。飞剑跳丸和表演七盘舞的人物体态生动夸张，动态十足，具有开张扬厉之美。该艺术表现手法较以前已经有了长足进步。

图 7-13 是一刻画惊险刺激的平索戏车图像的画像砖。该砖是一长方体实心大砖，画面高35厘米，宽 118 厘米，出土于河南新野樊集。画面左半部分是两辆奔驰的戏车，车上各竖一橦，前车橦端蹲一伎，他左手拉一软索，右手拉一伎脚部，该伎靠惯性平展悬空。橦中段有一伎水平转动。

图 7-11　河南南阳沙岗店出土投壶图

后车橦上一伎正向上攀缘，橦端与右边伎手中所牵软索相连，软索上一伎用脚勾挂其上，倒悬空中。李尤《平乐观赋》说："戏车高橦，驰骋百马，联翩九仞，离合上下，或以驰骋，复车颠倒。"所描述的场景与此画像砖图像颇相吻合。或许图像有艺术加工的成分，但基本情节应是大致如此的。

当然，汉画像石所描绘的社会生活场面缤纷复杂，远非以上文字所能穷尽。不过，从中已经能窥探到汉代生活的丰富多彩，汉代图像的刚健和虎虎生气已经跃然纸上。

图 7-12　河南南阳的许阿瞿墓志画像

图 7-13　平索戏车图像的画像砖

八 天女散花

——汉画区域之锦绣河山

汉代画像石艺术在长期的发展过程中为后世留下了丰厚的艺术作品，其时代风格的形成实际上是由众多具体的作品体现出来的，而整体风格之中又存在一些明显的地域风格。各地域的画像石不但图像内容繁杂多样，而且自身的物质材料质地不一，图像形制也就因地制宜，各有不同。当时文化中心的艺术风格和国家边缘地区的艺术风格不同，受前代不同文化传统的影响也往往形成不同的风格体系。正所谓“凡民函五常之性，而其刚柔缓急，声音不同，系水土之风气，故谓之风；好恶取舍，动静亡常，随君上之情欲，故谓之俗。”我们在汉代画像石艺术风格的分析中发现也存在明显的地域性。如地处齐鲁文化背景中的画像石颇多礼教色彩，而地处楚文化背景中的南阳画像石则多恣肆奔放特色，至于四川的奇异、徐州的繁复、陕北的浑朴，莫不因其文化背景使然。

由于汉时行政区划和今天有所不同，所以，我们不能以现在的行政区划去看汉代的地域风格，应该根据历史地图适当进行“还原”。实际上，在当时属于同一个刺史部的画像石作品在整体风格上更相近。如现在鲁西南地区的枣庄、微山、苍山，在汉代属于徐州刺史部，延光三年（公元 124 年）山东枣庄王山头画像、永和四年（公元 139 年）山东微山两城小食堂画像、元嘉元年(公元 151 年)山东苍山城前村墓画像,都明显地呈现徐州风格,而和现在嘉祥一带的风格有较大不同之处。还有的地区虽然当时不属于徐州刺史部,但由于靠近古彭城,其画像石作品也呈现出徐州风格。如阳嘉三年(公元 134 年)安徽灵璧祠堂画像石、元嘉三年(公元 153 年)山东滕州宏道院画像石、建宁四年(公元 171 年)安徽宿州褚兰胡元壬祠堂画像石、熹平三年(公元 174 年)安徽宿州褚北邓季星(皇)祠堂画像石,都明显地属于徐州风格。可以看出,风格中心对周围画像石的创造有明显的影响。

一般来说,年代越靠后的画像石作品表现技法越成熟。不过,受地域和材质差别的影响,画像石的图像制作技法往往有些差距,如四川几个阙上、石棺上的画像虽然产生在东汉末年,但表现技法还很生疏。延熹二年(公元 159 年)江津崖墓画像、建安十年(公元 205 年)四川芦山樊敏阙画像、建安十四年(公元 209 年)四川雅安高颐阙画像、建安十六至十七年间(211–212 年)四川芦山王晖石棺画像,就是这种情况。而汉章帝建初八年(公元 83 年)的山东肥城栾镇村画像石则制作精良,同一地区的孝堂山石祠画像石,与此制作水平及风格极为相似,虽然后者无确切纪年,但据此可以推断其制作年代大致在同一时期。

从全国来看,汉画像石发现较多的地方主要是山东、河南、江苏、陕西、四川、山西等地,这些地方往往因为出现了一些有代表性的画像石大墓而凸显出来。画像石的地域风格非常显著,主要呈现为六个风格中心:嘉祥风格、沂南风格、徐州风格、南阳风格、离石、绥德风格、蜀地风格。这六个中心,如天女散花般呈现出不同的风采,相互辉映又相互影响,共同铸造了汉代画像石艺术的繁盛局面。再进一步归类的话,我们可以发现嘉祥风格、沂南风格、徐州风格三地的画像石风格都是当时礼教文化中心的风格,而南阳风格、离石风格、绥德风格、蜀地风格的画像风格则多奇异之气,大致属于当时礼教文化中心以外的风格。

1. 嘉祥风格

山东境内的画像石,不论是出土数量,分布范围,还是制作的精美程度,都在全国首屈一指,的确有泱泱大国风范。齐地东靠沿海,人口相对密度小而农业不发达,丝织、冶铁业发达,自古就是"通鱼盐之利,而人物辐辏"之地。鲁地曾为周公的封地,圣人孔子生地,教化色彩浓厚,民风淳朴好学,崇尚礼仪,明辨廉耻,乃礼仪之邦。齐鲁之地,文化昌盛,经济发展,百姓生活较为富足,厚葬之风盛行,画像石墓随着厚葬的风气产生,而且颇具地方色彩。

山东境内的石阙画像石、墓地祠堂画像石、墓室画像石数量可观,图像极为丰富,有一批精彩之作被发现。其中,较为完整的画像石阙主要有:莒南孙氏阙、平邑黄圣卿阙、功曹阙、嘉祥武氏阙。较为完整的祠堂画像石有:长清孝堂山石祠、嘉祥武氏祠、金乡朱(鱼有)石室画像。较为完整的画像石墓有:沂南北寨画像石墓、安丘董家庄画像石墓、诸城前凉台画像石墓、泰安大汶口画像石墓、曲阜"东安汉里"画像石椁墓、济宁师专十号画像石椁墓,临沂庆云山 2 号画像石椁墓。就地区而言,目前山东出土的汉画像石以鲁南地区为多,其中又以济宁、临沂两市最为集中,鲁中和胶东半岛有少量发现,鲁西南和鲁北地区较少。而济宁又以嘉祥武氏祠画像石最为经典;风格沉厚开张。临沂以沂南北寨汉墓画像石最具代表性,较之嘉祥武氏祠画像石多了一些飞扬和浪漫气息。这是山东的两个风格中心,并由此影响到周边地区的画像石艺术风格的形成。

武氏祠堂位于嘉祥县城南15公里的武翟山北麓，是东汉晚期武氏家族墓地上的一组石构建筑，现存石狮、石阙各一对，汉碑三块，汉画像石44块。经过专家学者的研究，在这些散乱的构件中已经复原了三座祠堂："武梁祠"、"武荣祠"、"武开明祠"，还有两块祠堂构件，被推断为"武斑祠"。其中双阙石刻画面和44块汉代画像石画面就是我们所说的石刻画像，其题材内容之丰富、思想内涵之深邃、雕刻技法之精湛，堪称全国汉画像石之典型代表。

以嘉祥为中心的画像石艺术风格特点主要表现为：

(1)图像长于分层分段，构图复杂，场面宏大，图像的组织有严格的序列性。

嘉祥武氏祠三座祠堂("武梁祠"、"武荣祠"、"武开明祠")的成功复原，就是依靠图像组织的序列性而实现的。武梁祠三壁图像平行部分的图像，从右至左贯串三壁呈现严格的序列性(图像和内容分析见第一部分)。两尖楣部分为西王母、东王公的仙界系统；下面部分依次为：帝王部分(三皇五帝、夏禹、夏桀)——节妇烈女部分——孝子贤孙部分——忠臣义士部分——车马出行部分——楼阁拜谒部分。

分层分段的图像处理方式，再加上图像旁边的榜题部分，图像和文字相映生辉，图像的表意和叙事功能非常明了。这在最大限度上扩大了表现内容，达到了"史诗"般的叙述效果，成为画像石艺术中不朽的丰碑。关于图像分层分段的处理方式，在我国战国时期的铜壶图像上已经初露端倪，汉代画像石大量采用此种方式，并非偶然之作，应是人们艺术表现技法不断积累丰富的结果。(图8-1)

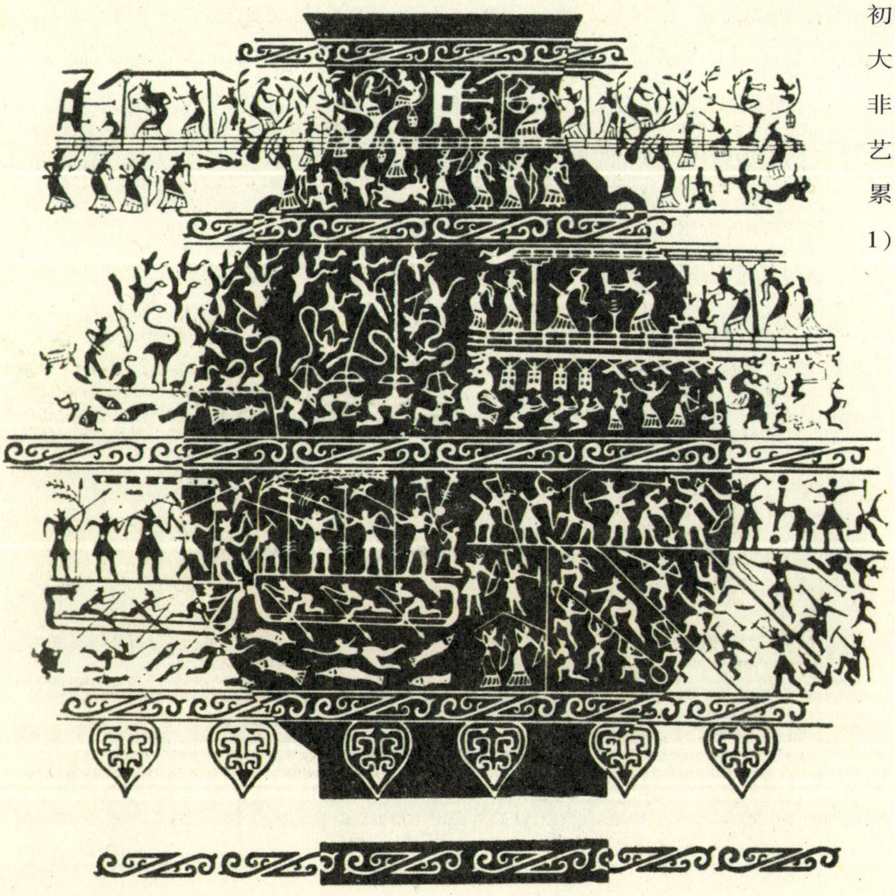

图8-1　战国铜壶　宴享渔猎攻战纹

(2)内容丰富，包罗万象，最多礼教题材的系列化表现。

在已经复原的武梁祠图像系统中，共有43个不同人物的"传记"图像刻画在三面墙上，每幅都有情节、榜题，表现的都是礼教题材，形象地揭示了人们应所遵守的"三纲五常"原则。这些儒家教义，对维护统治秩序和社会生活的良性运转，具有实实在在的示范意义。在武梁祠画像石的图像系统中，这些礼教题材占了绝大部分的比例，这在其他地区的画像石图像系统中是绝无仅有的，充分反映了当地为礼仪之邦的地域文化特色。

(3)雕刻技法精细，多用减地平面线刻的技法，是一种类似绘画的样式，或者说是石刻线画。

图像中的人物、动物等形象的刻画，采取了大块面的造型方式，而内部线条又流畅生动，刚健朴厚。整体画面采取了平面化、装饰化的图像组合方式，在物象中适当地、有机地添加鸟头、蔓草、云纹等形象，画面显得茂密雄强，别有一种形式的张力。这都使得其画面形式形成了"满"、"密"、"厚"、"重"的艺术特色。以武氏祠堂画像石为代表的画像石艺术，整体艺术风格既沉厚大气，又细致繁缛，时代气息浓厚。图8-2的图像形式就显示出这一特色。

(4)画像多有榜题，书写风格基本为东汉中后期的工稳典雅的"八分"隶书碑刻风格，成为中国书画结合的早期形态。榜题书风规整大方，左右对称，笔画多有"雁尾"形态，翩翩欲飞，气势舒展。图像和榜题的结合，既强化和明确了图像的主题意义，又丰富了艺术形式，对后世书画结合的传统作出了积极贡献。

图8-2　武氏祠堂画像石

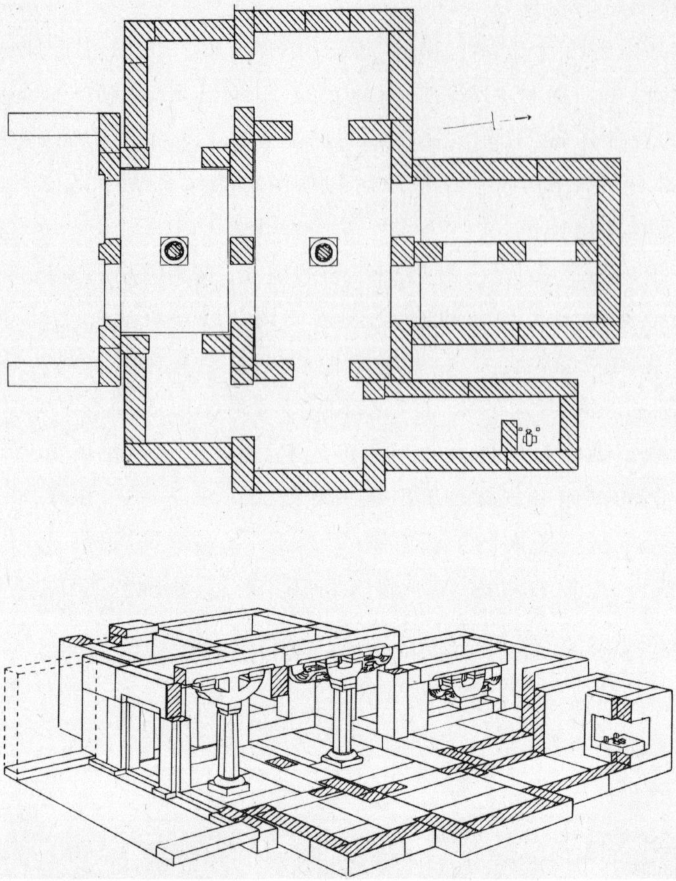

图 8-3　沂南北寨汉墓结构图

2. 沂南风格

以沂南北寨汉墓画像石为代表的画像石艺术风格，和嘉祥武氏祠画像石风格有很大的一致性。比如，在墓室图像体系的序列性、内容的丰富性、图像的刻制技法等方面，都能看得出二者处于共同的文化圈之中。但是，二者又有明显的不同之处。

沂南北寨汉画像石墓坐北朝南，整个墓室包括前、中、后三室和东边三个侧室、西边两个侧室。墓室南北长 8.70 米，东西宽 7.55 米，高 3.12 米，是一座大型多室墓。墓室全部用石材砌筑，共有画像石 42 块，画像 73 幅。图 8-3 为沂南北寨的结构图。该墓画像石的图像体系有四大方面：

(1)墓门画像以门楣部分上的攻战图为主，门柱上有高浮雕的西王母、东王公、伏羲、女娲、羽人、异兽和蹶张力士等。

(2)前室画像集中在横额上，以吊唁祭祀图为主，并有与之相关的建鼓、兵器、拥篲、捧盾、神灵、异兽等图像。

(3)中室画像集中在横额上，主要有车骑出行、祠主受祭、乐舞百戏、宴享庖厨、历史人物、神话故事。

(4)后室图像主要为寝居生活，如仆从涤器、捧奁、衣履、送馔、奇禽异兽、备马、兵器图等。之所以这样安排图像，是按照“事死如事生”的观念，以前室代表庭院，中室代表客厅，后室相当于主人寝室。

从图像内容看，沂南北寨汉墓画像石远没有武梁祠画像石那样的礼教题材内容，这大概与沂南有些远离教化中心的缘故有关。并且在历史题材的图像系统中，还刻画了一幅“关公战秦琼”式的图像，着实令人疑惑。

图 8-4　沂南北寨汉墓的中室北壁东侧画像石

图 8-4 为中室北壁东侧画像石，该石高 118 厘米，横 70 厘米。图像分上下两格，此为上格图像。图像为二人怒发相对，中间高豆中有桃子两个，二人欲抢状，乍看极似二桃杀三士的故事情节。其实不然。再看左一人佩剑右向立，左手举一璧于头顶，作摔打状，右上榜题“令相如”，右一人左手握剑横置腰间，右手前伸，欲抓豆中的桃子，右上榜题“孟犇”。从榜题和人物举璧的情结看，“令相如”就是战国时期“完璧归赵”故事中的“蔺相如”。史载秦昭王欲夺赵国和氏璧，佯言以秦国十五座城池换赵国和氏璧，赵国弱小，恐怕秦王食言得璧而不偿城，为难之际，蔺相如主动请缨携璧往秦，与亲王在朝堂之上斗智斗勇，终于完璧归赵，并且为赵国赢得声誉，得到赵王重用，也从此受到赵将廉颇的忌妒和刁难，才有了后来的“将相和”故事。“孟犇”即“孟贲”、“孟说”，为秦国秦武王时大力士，据说他能生拔牛角，气力过人。但在一次比试力气的时候，他因举鼎而腿折亡命。值得注意的是，蔺相如入秦的时候孟贲早已过世，二人不可能在一起较量。画面却让二人在此一试身手，的确有悖常理。如果榜题无错，则说明该画像石制作者缺乏起码的历史知识。或者说明，历史题材的严格性在此被看得很淡漠。

从雕刻技法看，沂南北寨汉墓画像石主要以减地平面线刻为主，如武梁祠画像绘画式的制作方式一样，比较利于表现丰富细腻的图像。不过，图像还运用了高浮雕、透雕的制作方法，展示了制作方式的高度技巧，使墓室更像生时世界的缩影。这是武梁祠画像所没有的特点。

在图像形式上，沂南北寨汉墓画像石有一个非常突出的特色，就是人物和神灵图像多体生毛羽，煞有生气，观之令人毛骨悚然。另外，那画面中线条的细密排叠和线条春蚕吐丝般的感觉，足以让我们一眼就能把它和其他地方的画像石区别开来。

图 8-5　沂南北寨汉墓北壁中柱画像

图 8-5 为前室北壁中柱画像，画面高 120 厘米，横 48 厘米。画面上方饰锯齿纹、垂幛纹和卷云纹，左右边饰锯齿纹、卷云纹，上一图像为一正面展翅站立的朱雀，头上三长羽，尾披地而左右上翘，威风凛凛。中间图像为一虎首神怪，头上顶着插三剑的弩弓，手执短矛、短戟，足趾挟刀、剑，胯下立置一盾，双腿生毛羽，全副武装，誓不可犯。下面图像为一龟蛇交缠的玄武，蛇身遍生毛羽，矫健无比。毛羽和细密的线条反复出现，在主线条上再加辅线渲染，富有装饰味道却又自然生动，是非常独特的表现方式。其中的并排细密的辅线一般比较短，刻画在轮廓或形体结构线的一侧，如阴影式的烘托，增加了形象的立体感和奇异之气。

沂南北寨汉墓画像石图像中线条的细密风格，展示了该地画像石与徐州风格的画像石的息息相通之处。在徐州风格画像石图像上，线条纹理也多有细密的感觉。

3. 徐州风格

徐州地区是汉高祖刘邦的家乡，自西汉建国以来，分封在这里的刘姓诸侯王很多，但他们多凿山为陵，囤积金玉于洞穴，鲜有画像石出土。现在所留存下来的画像石多来源于当时中下层官吏和小地主们的画像石墓。该地区画像石多散落民间，没有山东嘉祥、沂南那样经典的、成体系的画像石墓出现。所以，现存徐州地区的画像石的组合关系往往不甚明了。

两汉时期的徐州地区，得到古汴水、泗水、淮河等水系的灌溉滋养，可谓河流纵横，沃野千里，人口众多，楼阁并立，一派繁茂景象。随着这一地区冶铁业和农业的发展，为墓室画像石的营造提供了一定保障，加之该地区石灰岩、砂岩山丘的广泛分布，也为画像石的石材提供了不竭的材料保障。靠近鲁地礼教文化的地理环境，也为厚葬之风的形成提供了舆论支持。

徐州地区画像石以徐州为中心，铜山、睢宁、新沂、沛县、邳州多有画像石发现，且地域特色相对集中，在内容上，多楼阁图像，农业、纺织等手工业图像有一定表现。在艺术形式上，画面形式繁复，线条细密，风格婉约。其中发现的九女墩墓、洪楼墓、“熹平四年”茅村墓、“元嘉元年”缪宇墓，都是比较有代表性的画像石墓。以徐州地区为中心，周围的苏北地区、皖北地区、乃至江苏的镇江、苏州和浙江的海宁等地的画像石，都不同程度地受到影响。

图 8-6 为江苏徐州茅村汉墓画像石之庭院、宴享画像。该图像为茅村汉墓中室南壁画像的第四层。该石纵 58 厘米，横 290 厘米。（山东嘉祥武氏祠一般在一块整石上分层处理画像内容，精致而细密，而该处的四层画像由四层石块叠砌而成，每层画面都是横向展开，体量阔大。）画面楼阁相连，以剖面图的形式展示出来。画面从右至左可以分为四组：第一部分为大门和双阙。大门为四阿式屋顶，屋面由一斗二升的楹柱支撑，正脊、角脊上各立一对凤鸟，门的两侧有执戟卫士，大门后一对双阙，阙身和阙顶由斗拱相连。第二部分为堂室。刻宾主拜见图，主要人物后面有侍从手持曲柄华盖。第三部分为楼阁宴饮会谈图。楼下有侍从捧物登梯。第四部分为马厩、庖厨、侍从图。这一画像石图像为庭院、宴享的现实画面，本没有多少深邃的内容，但这组楼阁图像却能代表徐州地区画像石的建筑图像风格。

图 8-7 为徐州洪楼拜会、乐舞百戏、纺织画像。该图像为洪楼汉墓祠堂后壁画像。该石纵 99 厘米，横 216 厘米。画面分为两层，上层为人物拜会图，人物有 20 个。下层右半部分为乐舞百戏图像，下层左半部分为纺织图像。尤以纺织图像最具地方特色。屋内有三位纺织女子，右边一人在调丝，中间一人在络纬，左边一人准备在织机上织布，屋檐下挂满缠着丝线的线团。最为生动的是左边二女子正在侧面回顾，似乎在谈着什么，或者是交流纺织经验，或者是在聊一件有趣的事情。二人的交谈，引得右边调丝的女子和左边二人正在看她们。她们成为画面的亮点，好像屋顶的两个小猴儿也受到了她们的感染，也在相互交流。这一纺织图像的刻画，使得庄园内的劳作场面倍感温馨，充满了生活情趣。在艺术形式上，平列、填补的方式使画面装饰性比较突出，尤其是图像中细密线条的渲染，更增加了整体上的细腻格调。

图 8-5　江苏徐州茅村汉墓画像石之庭院、宴享画像

图 8-7　徐州洪楼拜会、乐舞百戏、纺织画像

九　奇绝飞动

——汉画区域之魅力周边

在汉画像石的嘉祥风格、沂南风格、徐州风格（当时礼教文化中心的风格）之外，离石、绥德、蜀地的画像石则属于礼教文化周边的风格，南阳地处楚文化的核心地带，与礼教文化本身就有很大不同，所以我们把它们放在本节来研究。

1. 南阳风格

河南省是出土汉代画像石比较集中的省份，在南阳、平顶山、郑州、洛阳、漯河、新乡、鹤壁、许昌、安阳、周口、商丘、驻马店诸地区，都发现有汉画像石。当然，最具代表性的还是南阳地区。南阳地区在两汉时期大致属于荆州刺史部南阳郡（宛城）。宛城是西汉时五都之一，与洛阳、临淄、邯郸、成都齐名。东汉光武帝刘秀发迹于南阳，他的 28 个部将（俗称二十八宿）中有十余人为南阳人，所以南阳成为东汉的“帝乡”，是皇亲贵戚聚居之处，乃当时全国的政治中心之一，有厚葬以表孝道的强烈的社会需要。在地质上，南阳坐落于石灰岩、砂岩山脉的周围，有丰富的石材可供制作画像石之用。在经济上，南阳是当时重要的冶铁基地之一，为画像石的制作提供了合适的刀具。诸种因素，使当时南阳的豪强地主不惜代价热衷于营造画像石大墓。南阳唐河针织厂汉墓、南阳唐河冯君孺久汉墓（图 9-1）、南阳英庄汉墓、南阳邓县长冢店汉墓、南阳麒麟岗画像石墓，是保存比较完整的大墓，便于我们系统了解南阳汉画像石图像的体系化特征。

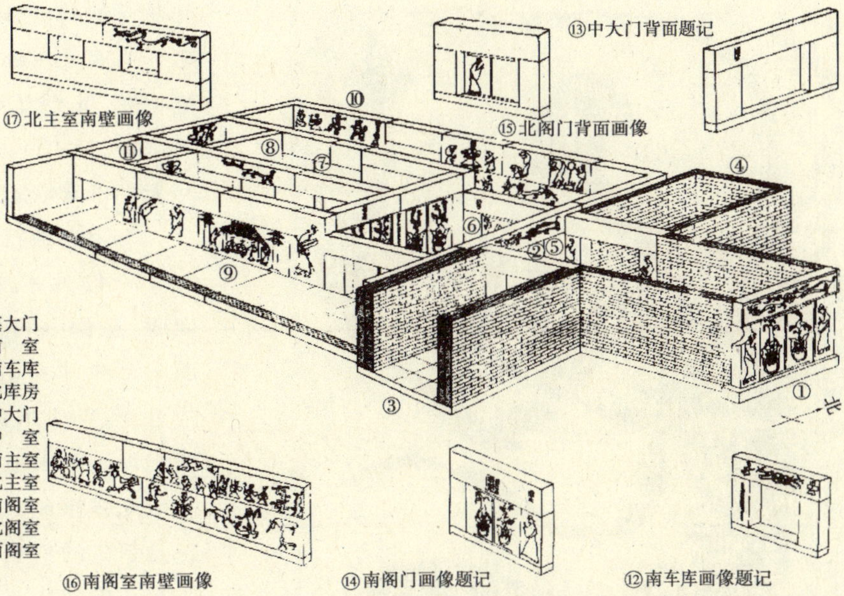

图 9-1 南阳唐河冯君孺久汉墓

图 9-2 南阳麒麟岗天象图

在南阳画像石的图像系统中，天象、动物、神兽题材的表现比较充分，图像主形象突出，体形矫健，气势夺人，风格的粗犷豪放成为突出特色。和山东画像石分层分段、图像刻画细致茂密的特色不同，南阳画像石一般呈现为大块面、粗线条、画面疏朗的特征。

图 9-2 为南阳麒麟岗天象图。该石位于墓室前室的顶部，高 130 厘米，长 380 厘米，天象图是由九块石材组合而成一个画面的。（又如，南阳宛城区出土的"日月合璧"画像石，高 108 厘米，长 266 厘米，也是由几块石材组合而成一个画面的。）如此大的体量，作为汉画像石的独幅图像，在全国其他地区是难以见到的。该图像中部天帝居中端坐，周围按"前朱雀后玄武，左青龙右白虎"的方位刻画图像，青龙图像右边有人首蛇躯的日神，胸部日轮内有阳乌，最右边有北斗七星相连图像。白虎图像左边有人首蛇躯的月神，胸部有月轮形象，最左边有南斗六星相连图像，与

图 9-3　南阳麒麟岗仙人图

北斗遥遥相对，以象征天空。整幅图像主次分明而又对称均衡，虚处饰以云气，缭绕不断，气势宏大，奇异粗犷。麒麟岗图像系统中，还有不少神兽、仙人图像，（图 9-3）无不奇异恢宏，撼人眼目。

南阳画像石还颇多力士斗兽图像，图 9-4 高 42 厘米，长 102 厘米，以整石刻制而成。图像中的力士赤裸上身，弓步伸臂，面向猛牛作搏击壮，猛牛回首狂奔，似蓄势重来。两个形象气势呼应，动态十足，威猛彪悍。南阳地区石材多取石灰岩，石质一般比较粗糙，石面不适合细致刻画，这正与粗犷的当地民风颇相吻合。南阳的画工在图像塑造上，注重大块面，长线条，轮廓适度夸张。这表现出了震撼人心的艺术形式。

南阳画像石的历史故事题材，多以“荆轲刺秦王”、“二桃杀三士”之类的义士题材为主，一如楚地文化的奇异恢宏一样，南阳画像石也多奔放不羁之气。

2. 绥德、离石风格

陕北地区和晋西地区以黄河为界，是汉代画像石比较集中、地域性特色比较明显的另一区域。陕北画像石集中在榆林地区的无定河流域，艺术成就以绥德、米脂最具代表性。晋西画像石集中在吕梁地区

图 9-4　南阳画像石——力士斗兽图像

的三川河流域，艺术成就以离石最具代表性。秦汉时期，陕北地区和晋西地区属于上郡和西河郡管辖，而这两郡又是秦汉帝国的北部边陲，属于汉民族和匈奴民族杂居之地，也是胡汉战争的军事要地。两汉为巩固这一边陲要地，向此地派遣了大量驻军和移民。为解决军队粮饷和马匹，发展农业和畜牧业成为主要任务。逢太平年月，这一地区竟出现了牛马衔尾，群羊塞道的景象，加之这一地区多山陵，盛产页岩石料，为营造画像石墓提供了必要的物质支持。这些因素，共同形成了该地画像石的艺术特色。就两地所发现的纪年画像石来看，陕北汉画像石多为东汉中期之作，而晋西汉画像石几乎全为东汉晚期作品，这和该地行政中心（郡治）由平定迁至离石有密切关系。

图 9-5　绥德墓门左立柱画像

陕北地区和晋西地区的画像石墓，并非像山东、徐州、河南等地全用规整石材砌墓，而是仅在墓门、后室门、耳室门部分运用规整的石材，墓室其余部分则用石片砌筑（陕北做法）或砖石混合砌筑（晋西做法）。由于画像仅能刻制在规整的石材表面，所以两地墓室画像石图像的刻制位置有共同的规律：“全部图像毫无例外地刻画在墓门、后室门或耳室门的门楣、门柱和门扉部位。门楣上一般刻画有墓主车马出行图、祭祀图或升仙图；门柱上部一般刻画有东王公、西王母等仙人图像，下部有门吏或其他神兽；门扉则刻有铺首衔环和朱雀等形象。”[①]这成为该地画像石独特的配置规律。

就画像内容来说，绥德有诸多田园牧歌式的生产劳动场面，离石多墓主升仙图。从艺术形式上看，二者都有装饰剪影的大效果。

图 9-5 为绥德墓门左立柱画像。图像高 116 厘米，横 52 厘米，画面主体为一巍峨的立柱，上有斗拱，下有柱础。柱右侧立一执戟门吏，柱右有马、羊，下层为牛耕图。二牛抬杠，牵引一犁，一人左手扶犁，右手举鞭，身着褐衣，扶犁者身后跟随一儿童，手中提袋状物，应为撒种者。和徐

① 信立祥、蒋英炬《陕西、山西汉画像石综述》，《中国画像石全集 5》综述部分

图 9-6　神木大保当画像石

州牛耕图相比，这一个图像要简单一些。从画面看，边线和立柱都成了块面。据研究，此处所用页岩，刻制图像不能太细致，石材表面易脱落。当时的做法是采用剔地浅浮雕的方法先刻出物象的大致轮廓线，然后再在块面状的粗线上用彩笔勾画细节，只不过今天出土时有的已经脱尽颜色，只留下了剪影似的大效果。倒是这一大效果使得我们今天所见的该地画像石愈加显得拙朴大气，厚重异常。图 9-6 为神木大保当画像石，出土时一些图像尚存颜色和毛笔勾画的痕迹，也印证了这一“三分刻七分画”的画像石制作技术。

图 9-7 为山西离石马茂庄 3 号墓前室西壁右侧画像。图像高140 厘米，横 86 厘米。四条宽边线将画面分为左中右三格，左右两格较窄。画面布满云气纹，一种升腾缭绕的感觉扑人面宇。图像上部为天柱悬圃，中有一位仙人跪伏采摘仙药，其周围的嘉禾、方案、三青鸟、蟾蜍、白虎、骑马使者的形象穿插左右；下面有五缰飞龙驾云车，车中有神人形象；最下方似为仙山形象，左下有仙人摘草，仙山右边有骑鹿骑龙的仙人，山间有鸟飞翔。整幅图像不拘小节，但求神似，线与块面结合，动态十足，有如神秘莫测的汉代漆画一般，求仙成仙的主题被活灵活现地表现出来了。

图 9-7　山西离石马茂庄 3 号墓前室西壁右侧画像

图 9-8　彭山 1 号石棺侧面双阙图

图 9-9　彭山 3 号石棺侧面三仙山图

3. 蜀地风格

李白在《蜀道难》中描述到："噫吁嚱，危乎高哉！蜀道之难，难于上青天。蚕从及鱼凫，开国何茫然。尔来四万八千岁，不与秦塞通人烟。"蜀地多重山峻岭，道路艰险，古代的四川地处偏僻，经济和社会生活属于自给自足式的状况，从而在艺术上也形成了鲜明的地域特色。秦统一巴蜀以后，中原文化大量传入，促进了这一区域的繁荣发展。蜀守李冰治理岷江，使蜀地旱则引水灌溉，涝则关闭水门，农业上旱涝保收，年丰物阜，被称之为"天府之国"。汉代的成都，商业、手工业发达，蜀锦闻名天下，所以成都又被称作"锦官城"。

和全国其他地区一样，汉代的四川地区也大兴厚葬之风；不过又有不一样之处，便是崖墓和画像石棺在全国别有特色。其他地区的崖墓，如河北满城汉墓、徐州楚王陵汉墓群、山东九龙山汉墓等，不止数量不多，而且基本出现在西汉时期，到西汉晚期则销声匿迹了。而随后四川的崖墓才开始大量出现，并迅速在该地区风靡一时，进而影响到云南、贵州和鄂西一代，一直延续到蜀汉和两晋南北朝时期。于是，蜀地崖墓成为四百余年间最盛行的一种墓葬形式。

与崖墓相关的葬具是石棺。在我国现存的近百座石棺中，四川汉画像石棺的数量约占全国画像石棺的百分之九十以上，成为四川地区画像石的一种特殊样式。《华阳国志·蜀志》记载："周失纲纪，蜀先称王。有蜀侯蚕从，其目纵，始称王。死，作石棺石椁，国人从之，故俗以石棺石椁为纵目人冢。"这说明，至少从春秋时起，蜀地已经有了制作石棺石椁的风俗了。

阙，也是在四川地区表现最为充分的艺术形式。阙，是建在建筑群入口处两侧的高耸的标志性建筑物。据统计，中国现存汉代石阙共30处，其中22处在四川，其余为河南3处，山东4处，北京1处，都是墓前仿木结构建筑物。在石椁与阙上刻画图像，就成为我们所研究的画像石图像，它们也成为四川汉画像石的主要特色。四川汉画像石的图像系统虽然包括社会现实生活、历史人物、历史故事、神仙祥瑞等诸种题材，但是表现的侧重点和艺术形式还是有浓厚的地域特色。

图9-8为彭山1号石棺侧面双阙图。图像高67厘米，长210厘米，该石1983年出土于彭山江口乡双河崖墓，现存四川省乐山麻浩崖墓博物馆。图像两端各绘一阙，样式别致，高高耸立。双阙在四川画像石里曾有"天门"的榜题，这就意味着进入双阙也就相当于步入天门了。此幅图像似可以如此理解。双阙里面的图像分上下两层。上层左有辟邪，肩生双翼，尾巴劲翘，姿态奇娇。右有天马，毛发耸起，昂首挺立。骏马立于苍劲的树下，树边有人跪地，似在饮马。中间为二人轻松自然地交谈。图像下层双阙旁边站立两位持物恭迎者，似为守护天门之人。中间为隔栏，又似支撑上层的立柱，两边对称绘有肩生双翼的仙鹿，振翅挺尾的朱雀。整个图像清新绮丽，一派悠然自得之态，这大概就是图像绘制者所想象的天界形象。

图9-9为彭山3号石棺侧面三仙山图。图像高87厘米，长216厘米，该石1985年出土于彭山江口乡高家沟崖墓，现存四川省彭山县文物管理所。图像绘三座峻拔的仙山，左边仙山中上部还有两座小仙山，中有二仙人相对跪坐六博，左边一仙人身体瘦削，裸身，双髻，一手高举，一手触棋，作惊愕状。另一仙人正欲出手，凝思状。中间仙山中部一人抚琴弹奏，右边仙山中部二人端坐，俯耳倾听状。秦汉人们对仙界的想象，一是渤海三仙山，一是西王母居住的昆仑仙山。《史记·秦始皇本纪》记载："海中有三仙山，名蓬莱、方丈、瀛洲，仙人居之。"四川距离渤海遥远，但也出现对三仙山的想象，足以证明当时的求仙愿望之强烈。不过，同时期的东部画像石区域，仙界基本上是对西王母居住的昆仑山仙界的向往和塑造，而四川此时还停留于三仙山模式，也说明四川与东部文化交流并不迅捷。

图 9-10　新津崖墓石函六博画像

图 9-10 为新津崖墓石函六博画像。图像高 57 厘米，长 99 厘米，该石出土于新津崖墓，原石函已毁坏，这是该函侧面残部的图像。图像绘二仙人六博，仙人皆高髻，裸身，跪坐，肩生双翼，乳房外露，身体瘦削。二人中间置一几一案，两盂，右仙人身后有灵芝。左边仙人，双手平摊，示意对方出棋的样子。右边仙人双手举过头顶，似乎棋高一着，按捺不住兴奋心情，作惊呼状。此时，他身边的鸟儿也被他兴奋的举动所惊动，吓得展翅而逃。飞鸟形象的刻画，可谓神来之笔，把仙人六博的忘我境界活灵活现地表现出来。应该说，这一六博场景的刻画要比图 9-9 中仙人六博的画面表现得更为生动和成功。

图 9-11 为成都曾家包汉墓农作养老画像。图像高 296 厘米，宽 285 厘米，该石出土于四川成都市郊曾家包东汉墓，四川省成都市博物馆藏。该石位于墓室后室壁上，是一大型石刻画像。图像分上中下三部分。上部为双羊图，右侧绘嘉禾，二羊跨步右行，张嘴呼叫，顾盼生姿，十分生动。中部绘养老图。左为仓房，上面有两个通气的仓楼，房侧挺立一颗棕树，树旁席地而坐一手扶鸠杖的老者，鸠杖顶端一鸠展翅欲飞，形象生动。一人自房内走出捧送粮食给老者。右为一庑殿式双层楼房，楼有回廊，一衣冠整饬者倚栏侧坐，伸手去接侍女送来之物，该主人当为庭院的主人，或者就是墓主人的形象。楼下门半开，一人微露半身。图像下层为农作图，右为一庑殿式吊角楼，左楼角蹲一鸱鸮，房前二人并列踩碓，碓前有一耕者，在水芋地劳动，左为四块水田一个围堤的水塘，塘内有船、鱼、龟、青蛙、荷花等物，皆形象生动。水田内长满庄稼。这是一副静谧温馨、安逸和谐的家居庄园图，也是当地人们理想的生活方式，在墓室刻制此类图像，同样是出于“事死如事生”的观念，墓室制作者希望墓室主人在另一个世界也能继续享受图像中的理想生活。

图 9-11 成都曾家包汉墓农作养老画像

十　砖石流韵

——汉代之后的砖石精神

汉代的画像石、画像砖艺术，具有雕刻和绘画的双重属性，处于中国造型艺术由立体逐渐平面化的关键发展阶段。绘画艺术正是经过两汉时期的积累，到魏晋时期已经进入觉醒阶段。也就是说，两汉之后，绘画艺术逐渐走向成熟，雕塑和绘画分道扬镳并各自深入发展。那种雕绘兼有的画像石、画像砖艺术样式逐渐被石刻线画代替，被绘画化，平面化了。这注定了画像石、画像砖艺术的辉煌时期只能出现在汉代。

佛教艺术自汉末传入后，对中国绘画艺术的影响也逐渐显现出来。首先是汉末画像石图像中出现了头带光圈的佛的图像，接着，中国传统绘画艺术技巧也逐渐受到佛教艺术的影响。石刻线画起初呈现出浓郁的外来特色，后被逐渐本土化，标志着中国绘画的叙事方式及形式的表达方式都发生了明显变化。于是，才有了我们下面所要谈到的汉之后的石刻线画艺术。

图 10-1　北魏的僧欣造像

汉末，三国鼎立，后统一于魏，魏被西晋取代，北方为十六国，晋室南迁后史称东晋，东晋之后，中国仍处于分裂的局面，南方为宋、齐、梁、陈，北方为北魏、东魏、北齐、西魏、北周。战乱和政权的频繁更替，使这个时代的石刻线画呈现出不同的风貌。

图 10-1 为北魏太和二十三年（公元 499 年）的僧欣造像，此为造像碑阴的上部，图像高 84 厘米，宽 65 厘米，该拓片藏于中国国家图书馆，原石藏于美国克利夫兰美术馆。在图像中，佛右袒袈裟结跏趺坐于帐形龛内，高肉髻，有背光和头光，左手平置右腿之上，右手做说法印。佛像龛外左右刻二菩萨，均饰以头光，跣坐于莲花座上。左侧菩萨手提净瓶，右侧菩萨执鹿尾，画像边框外侧各刻一供养人。佛像下面题刻造像记。图像在形式和内容上都带有明显的外来特色，似乎很难和汉画像石承接得上，这是中国石刻绘画艺术受到外来佛教绘画艺术影响的结果。

图 10-2　释迦说法的左半部分画像

图 10-2 为释迦说法的左半部分画像。图像绘制于北魏神龟元年(公元 518 年),原图像高 47 厘米,宽 116 厘米,石在河南洛阳龙门石窟,此为中国国家图书馆收藏的拓片。释迦牟尼佛结跏趺坐于莲台之上,身后有火焰纹背光和圆形头光。佛左右立二菩萨,饰圆形头光。两侧刻比丘十七人,左八右九,恭敬而立。画面上部刻六菩萨六比丘,菩萨踞坐,飞天飘舞其间。左上部刻普贤菩萨坐在奔象之背,背景饰莲花荷叶。构图紧凑,线条流畅,同样表现出浓郁的外来特色。

图 10-3 为曹望憘造像《礼佛图》,原为造像碑座四面画像,拓片作上下排列。该图像刻于北魏正光六年(公元 525 年)。原石出土于山东临淄,现藏法国巴黎博物馆。此为拓片,拓片高 115 厘米,宽 63 厘米。图 10-3 拓片第一层为原碑座正面图像,中间一供养人立于莲座上,双手托一圆盘,盘内置博山炉。二护法狮子列置两边。画面空白处添加了莲花、莲蓬图像,博山炉左右有二朱雀展翅图像。二朱雀形象与汉画像石朱雀形象极为近似。二狮子图像采取侧面形象,而中间的莲蓬与托盘又采取了俯视的方法,这一图像制作方式也与汉画像石的方法如出一辙。拓片第二层为原碑座右侧画像,刻曹望憘礼佛图,人形高大者为曹望憘,二侍女伴其左右,有随从四人分别执华盖、障扇、刀状物,最后一人执鞭牵马。马的形象矫健威猛,一如汉马形象,马背上方空白处添加展翅扬尾朱雀形象。图像的造型方法为平面并列,没有透视效果,图像大小根据其重要性而定。拓片第三层为原碑座左侧画像,刻曹望憘夫人礼佛图,夫人前行,手中托供物,二侍女陪伴左右。另有三个侍者执障扇、莲花等物,一女子手牵拉厢式牛车随行。图像的制作方法同上,车子

的造型看上去有些别扭，结构关系交代不清却有独特韵味。人物形象是侧面，障扇又成了正面形象，侍女手托的莲花则采取了俯视的方法。整个图像也是采取了平面并列和俯视的方法，没有固定的焦点。拓片第四层为原碑座背面造像题记。书法技法完备，结构紧凑精当，为典型的魏碑书风。这是一组非常有趣的图像，其绘制方法更多地保留了汉画像石的图像制作方法。除了采取平面并列和俯视的方法外，图像空处多添加有寓意的小图像，使得画面茂密雄强，极富形式张力。这一图像显示出汉画像石的显著影响，说明外来图像已经被中国化了。

北魏的石刻线画，大致以孝文帝由大同迁都洛阳为界，迁都后明显呈现为南朝风格。与北朝相比，南朝文化艺术在当时是最发达的，画家有擅长佛祖画、号称“吴中八俊”之一的曹不兴，有“南朝三大家”的东晋顾恺之，刘宋陆探微，萧梁张僧繇。南京《竹林七贤》砖画所画人物，写照传神，精神焕然。由此可见当时绘画技术水平相对前代已经大大提高

图 10-3　曹望憘造像《礼佛图》

图 10–4　南京西善桥竹林七贤与荣启期画像砖局部图像

了。图 10–4 为南京西善桥竹林七贤与荣启期画像砖的局部图像。原画像砖属于南朝画像砖，作者佚名。整幅图像高 80 厘米，宽 240 厘米。该组画像砖 1960 年出土于江苏省南京西善桥南朝大墓，现藏南京博物院。该墓为东晋末至刘宋初的墓葬，长方形砖室券顶结构，墓室东西两壁各有模印画像砖拼砌成的砖画两幅，一壁为嵇康、阮籍、山涛、王戎，另一壁为向秀、刘伶、阮咸、荣启期。荣启期为春秋高士，其余七人为号称“竹林七贤”的魏末名士，他们任情使性，潇洒风流，成为魏晋名士的代表。关于该画像砖的制作，是先绘好整个图像，然后再将图像粉本分刻在砖模上，砖模编上号码，再以模制砖，最后将制成的画像砖按原来编好的方位顺序拼砌于墓室壁面。整件作品的构图采取了人物和树木搭配出现的方式，不同人物分别坐于阔叶竹、青松、银杏、垂柳之下，人与树交相辉映，性格更加鲜明，这在构图上巧妙解决了人物之间的组合关系。图 10–4 为局部二人图像，上图为向秀，坐于银杏树下，神情散淡。下图为阮籍，侧坐于树下，神情淡然。在图像的形式表现上，充分发挥了线描的方法，线条婉转流畅，准确生动。和现存魏晋人物画摹本中的造型用线方法非常相近，表现出当时的绘画技术已经较前代有了明显提高。这一画像砖样式，更多的保存了画意，突出了线条的表现力。可见，此时的画像砖已经成为绘画的附属品了。

图 10–5 为南北朝时期南山四皓彩色画像砖，高 19 厘米，宽 38 厘米，出土于郑州学庄，现藏河南博物院。“南山四皓”是秦末汉初四位德高望重的老者：东园公、角里先生、绮里季和夏黄公，四人不为当时权势所逼迫，隐居南山，怡然自得。因汉高祖刘邦敦聘而不就声名大振。四位长者长衣分别着绿色、紫色、黄紫色、绿色。画面为四人悠然坐于崇山峻岭之间，怡然自得的情景。在构图上仍然保存了

汉代和魏晋绘画“人大于山，水不容泛”的造型特点，不过，线条的造型能力已经得到了比较充分的展现。

图 10-6 为北齐天保十年(公元 559 年)的高海亮造像碑《太子逾城出家》画像，高 38 厘米，宽 62 厘米，1957 年出土于河南襄城县汝河西岸孙庄，此系碑额部分图像。《太子逾城出家》是佛本生故事，太子头戴三危冠，上身披帛下系长裙，双手执缰稳坐马背，周围刻五位飞天形象，均衣带飞扬，衣带线条如升腾的烈焰纹一样，渲染出太子出城时的震撼场面，非常具有感染力。值得注意的是，图像中有的线条比较粗重，有晕染的效果，大概是受佛教绘画艺术影响的结果。佛教艺术重在给人的心灵以震撼，这幅画就有这种气息。

图 10-5　南北朝南山四皓彩色画像砖

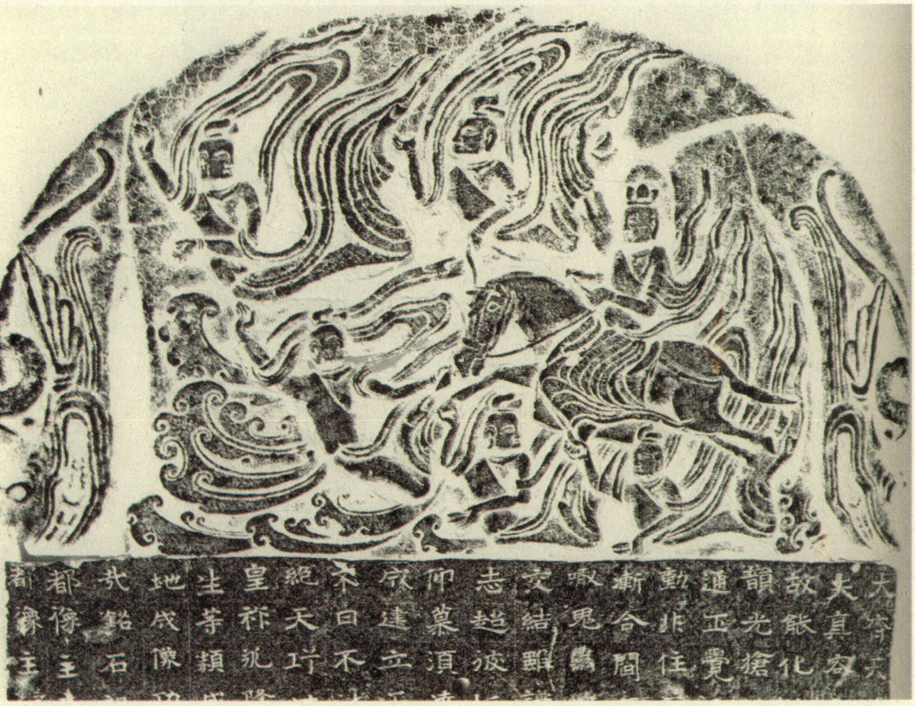

图 10-6　北齐高海亮造像碑《太子逾城出家》画像

图 10–7　大住石窟传法圣师像局部图像

隋代政权短暂，其绘画艺术承接魏晋，而又下启唐代，呈现出过渡性特点。这在其石刻线画上也有明显表现。

图 10–7 为大住石窟传法圣师像局部图像。这组图像刻制于隋开皇九年（公元 589 年），高 170 厘米，宽 72 厘米，原石现在河南安阳市宝山南麓灵泉寺石窟内南壁左侧。本部分共上下五层图像，每层两组共四人，皆为双人对坐，中间或隔以宝炉，或隔以莲花，或隔以山石，并且其中的山石非常像中国的假山，很有情趣。这一表现方法让我们不由得联系到竹林七贤图像的表现方法。这大概是民间画工在艺术表现方式上一脉相承所致。图像中有 20 人，均身披袈裟，结跏趺坐，有的双手合十，有的手执法器，画像下均有题名。题记的书法是典型的隋碑体，楷法中带隶书笔意，与隋《龙藏寺碑》、《董美人墓志》有共同的体式特征和趣味，也与泰山经石峪北齐摩崖书法《泰山金刚经》有相同之处。其体势的宽博，气态的雍容大度，体现出佛教艺术共同的精神意蕴。

唐代经过贞观之治和开元盛世，汉民族的自信心态极为高涨。在图像艺术中，现实享乐题材最为多样。石棺、石椁、墓门残石，所表现的题材多为宫女宦官，时装人物，侍卫随从等豪贵世家的日常生活。唐代绘画中的人物形象丰满圆润，有一种夸诞心态。而传统的神仙题材、佛教题材则非常少，孝子题材也已经难见，两汉及东晋以来的烈女故事题材则未发现，所刻绘的人物，以李寿墓、韦项墓和永泰公主墓最具代表性。

图 10-8 为唐太宗李世民昭陵六骏中飒露紫画像。这是北宋元祐四年(公元 1089 年)的摹刻件拓片，拓片高 35 厘米，宽 42 厘米，存于陕西省礼泉县昭陵博物馆。昭陵六骏为唐太宗李世民陵墓的六块浮雕石刻，六匹骏马曾伴太宗一生。以西域国语命名的六匹坐骑，分别为：飒露紫，什伐赤，白蹄乌，青骓，特勤骠，拳毛騧。建昭陵时，太宗下令将其刻石与他永相伴，并亲自作诗六首命书法家欧阳询书写，刻于每匹骏马之碑上，画家阎立本曾绘制六骏图。原雕刻采用圆雕和浮雕相结合的形式完成，有大唐强盛宏大之气势。可惜其中最为叫绝的飒露紫和拳毛騧原件在 20 世纪初期被帝国主义列强劫掠，现存于宾夕法尼亚大学博物馆，其余四块现存西安碑林博物馆。这件北宋元祐四年的摹刻件，还是比较准确的表现了佩刀将军为飒露紫拔剑时的情景。该马前腿立直，后腿微弯，表现了战马强忍拔剑的疼痛时不由自主的状态。这是一种敢于面对痛苦的状态，也是一种盛世心态的流露。

图 10-8　唐太宗李世民昭陵六骏中飒露紫画像

图 10-9　永泰公主石椁画像

图 10-9 为唐神龙二年(公元 706 年)永泰公主石椁画像之一。该拓高 132 厘米,宽 74 厘米,1960 年出土于陕西乾县乾陵北原,现陈列于陕西省乾陵博物馆。该图像为一宫廷女子,身着唐装,上着短襦,肩披纱巾,长裙下垂拖地,高髻阔眉,亭亭玉立,风姿绰约,似在展示自身之美,一种自信感油然而生。唐代宫廷仕女画多为风度翩翩,姿态安详的胖美人。此幅图像也大致如此,盛世女子的风韵被生动的表现出来,使人过目不忘。此为石刻线画,线条具有重要作用。该画线条准确流畅,圆润遒丽,造型能力极为娴熟,少女身披的轻纱似乎触手可及,妙不可言。构图在左右上角各添加飞翔的小鸟,在左右下角各添加花草,使少女形象更加妩媚动人。以此图像的艺术水平而言,绝非一般工匠所为,同时也显示出唐代人物画的高度水平。

图 10–10　宋代武士跃马画像砖

孝行烈女题材在宋代石棺画像中又开始大量出现。如崇宁五年张君石棺、政和七年乐重进石棺、宣和七年巩义宋陵石棺、宣和五年王十三秀才石棺、辉县石棺、禹州石棺等众多石刻线画，都刻有二十四孝图或烈女图。孝行烈女题材在唐代石刻画像中已经难寻踪迹，之所以在宋代重新出现，当与宋代文运昌盛，理学兴起有关。宋代人物图像清净秀美，更为生活化，颇具亲切感。

图 10–10 为宋代武士跃马画像砖，高 29.5 厘米，宽 29 厘米，1989 年出土于陕西省宝鸡市南郊长岭机器厂，现存于陕西省宝鸡市青铜器博物馆。这是一幅扬鞭跃马图，一股疾劲的气势扑面而来。画中骏马由左上向右下方奋蹄疾驰，两前腿弯曲如弓，后两腿直蹬，鬃尾竖直飞扬，鞍具、辔头俱全。马上一骑士，被马的疾驰几乎甩到马尾部，他身体后仰，头戴软角幞头，身着短袖衫，披肩紧扎，束腰，左手执鞭，右手执缰，奋力催马。图像左下方两条蜿蜒曲线，显示出骏马是跑在崎岖不平的路上。宋代文运昌盛，武运衰弱，有此佳作，实属难得。

图 10-11 的石刻线画，衣带飘举，人物动态轻盈，有传统仕女画的成熟技法，可惜有些模式化了，画像石应有的那种张力已经看不到了。这时的绘画只不过是表现在石面上而已，石材本身的质感已经被极大忽略了。

金代崇佛，在河南登封少林寺保存有不少金代的佛家造像。图 10-12 为金大安元年(公元1209 年)少林寺观音图像，高 100 厘米，宽 44 厘米，原址在河南登封少林寺立雪亭。观音头戴宝冠，缯带垂肩，有圆形头光，身着袈裟和裙裳，头饰璎珞项圈，赤足站于莲花之上。左手握右手腕部，面相丰润。上刻苏东坡居士赞文十行，从书法风格看，纯系伪托。其右小字记观音像赞。图像装饰繁华，已非中原样式，显然为金人装束模样。艺术水平一般，反映出此时画像石艺术的没落气息。

图 10-11　仕女图

图 10-12 少林寺观音图像

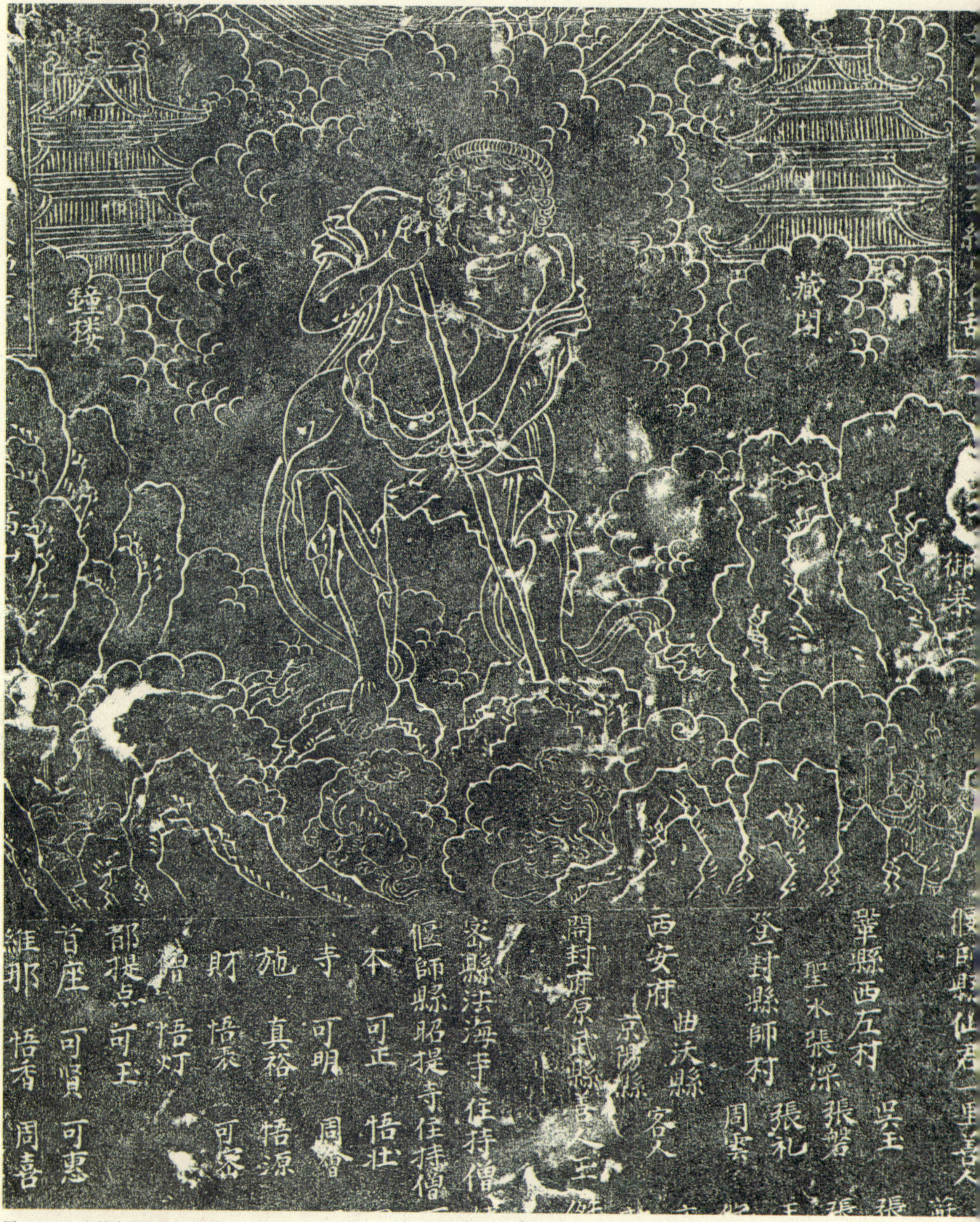

图 10-13　少林寺紧那罗王图像

自元代开始，鬼神故事题材的表现又多起来。图 10–13 为元代至正年间(公元 1341~公元 1368 年)少林寺紧那罗王图像，碑高 276 厘米，宽 89 厘米，保存于河南少林寺碑林。这是碑额部分图像。关于图像的绘制原因，《少林寺志》有所记载："元至正初，有一僧于厨中作务，数年殷勤，朝暮寡言，寡晓其名。至正十一年(公元1351年)颍州红巾率众突击少林，僧乃持一火棍出迎，变形数十丈，独立于高峰，大叫曰：吾紧那罗王也，言讫遂没，始知为菩萨化身，乃塑像于寺中，称谓护法佛。"图像表现佛劳作的情景，左上有钟楼图像，右上有藏阁图像，图像下有题记。从艺术表现形式上看，该图像已经有些通俗化，只留下了有关的美丽传说。

元明起，在石刻线画中摹刻古代名家山水、花鸟作品的风气渐盛。图 10–14 为明万历年间(公元 1573~公元 1620 年) 刻制的尊敬长上图碑，碑存河南武陟县文庙，高 195 厘米，宽 68 厘米。此为碑阳图像，为一石刻山水画，画虽清幽静谧，但实际上已经忽略了石材本身特点的表现，石刻线画已经从属于绘画，成为保存绘画的重要形式了。

清代的石刻线画，耕织图成为一个重要的题材，现嵌于河北保定直隶总督府东廊壁上的《棉花图》，就是当时直隶总督方观承进献乾隆皇帝的石刻线画作品。该组图绘棉事十六种，为自棉花播种耕耘到纺纱织布、染织成匹的整个过程，乾隆三十年摹刻石上，上面还刻有乾隆御制诗和诸图说明，成为清代石刻线画的代表作品。另外，

图 10–14 尊敬长上图碑

图 10-15　浆线图

河南省博爱县的《耕织图》也是清代石刻线画的代表作品。图 10–15 为刻制于清光绪八年(公元 1882 年)的浆线图。图像高 30 厘米,宽 50 厘米。1978 年出土于河南省博爱县邬庄,藏于河南省博爱县文化馆。这是一组耕织图中的一幅,原图共十幅,表现的是播种、收棉、轧棉、纺纱、浆线、络线、经线、染织、织布的全过程。该图表现三人在庭院浆线的情景,三人通过线的连接呼应有致,右上另一人在门口观望。从构图上看,这幅图像的创造者已经掌握了透视原理,画出的图像更加具有立体感,也更为逼真。图像的绘制技法提高了,但是所表现的内容却没有多少改变。因为一旦看到这幅图像,就会令人想起近两千年前江苏徐州汉画像石上的纺织图和农耕图。中国的劳动人民一直辛勤劳作,创造了历史,也创造了画像石、画像砖艺术,作为人们的衣食父母和艺术的创造者,他们的劳作何曾停止过?虽然画像石艺术经过了崎岖不平的艺术历程,但是其中渗透的感情和精神却依然存在。

人生忽如寄,寿无金石固。画像石、画像砖艺术,作为凝固的图像艺术,依然会掷地有声地给人们以无穷的精神财富和无尽的艺术创造力。

参考书目

《中国美术分类全集·中国画像石全集1-7卷》
中国画像石全集编辑委员会主编
山东美术出版社、河南美术出版社2000年版

《中国美术全集·绘画编18·画像石画像砖》
中国美术全集编辑委员会编、常任侠主编
上海人民美术出版社1988年版

《山东汉画像石选》 山东省博物馆
齐鲁书社1982年版

《南阳汉代画像石刻》 南阳汉画馆编
上海人民美术出版社1988年版

《南阳汉画像石》 南阳汉画馆闪修山、王儒林、李陈广编著
河南美术出版社1989年版

《徐州汉画像石》 徐州博物馆
江苏美术出版社1985年版

《陕北东汉画像石》 陕西省博物馆
陕西人民美术出版社1985年版

《山东文物丛书·汉画像石》 张从军等编著
山东友谊出版社2002年版

《汉书》 [东汉]班 固
浙江古籍出版社2000年版

《后汉书》 [南朝宋]范 晔
浙江古籍出版社2000年版

《史记》 [西汉]司马迁
中华书局1973年版

《金石萃编》 [清]王 昶
陕西人民美术出版社1990年版

《秦汉史》 翦伯赞 北京大学出版社1983年版

《汉代考古学概说》 王仲殊 中华书局1984年版

《汉代物质文化资料图说》 孙 机 文物出版社1991年版

《张道一文集》 张道一 安徽教育出版社1999年版

《汉画故事》 张道一 重庆大学出版社2006年版

《秦汉绘画史》 顾 森 人民美术出版社2000年版

《汉墓的考古学研究》 黄晓芬 岳麓书社2003年版

《秦汉考古》 赵化成、高崇文等著
文物出版社2002年版

《汉代画像石与画像砖》 蒋英炬、杨爱国著
文物出版社2001年版

《汉画像石通论》 王建中 紫禁城出版社2001年版

《汉代画像石综合研究》 信立祥 文物出版社2000年版

《汉画主神研究》 陈履生 紫禁城出版社1987年版

《论汉代艺术中的西王母图像》
李 凇 湖南教育出版社2000年版

《汉代造型艺术及其精神》 刘宗超 人民出版社2006年版

后记

本书的写作，正值我要赴日本东京大东文化大学做客座教授的日子，突击日语，占去我很大精力，写作曾一度中止。该书稿后半部分的写作以及审定，也是在东京的日子里完成的。望着东京街头触目可及，却又另有读音的汉字，更加感觉到中国传统文化的博大精深。身处异国他乡，更加体会到中国传统图像符号的深邃意义及独特魅力。

时间的流逝，带不走刻在石头上的记忆。中国的画像石艺术，刻在石头上，更刻在了中国人的心里，积淀成为永恒的记忆。对她的研究，一是对其艺术形式的分析，一是对其图像内容的解读。尤其是对图像背后的历史和社会生活内容的解读，殊非易事。面对众多不能解读的图像，有时也只能望洋兴叹了。画像石艺术的博大精深，远非区区小文所能说清楚的。我的博士课题是对汉代图像艺术（主要是汉画像石）、汉代文字艺术的综合研究，是在恩师张道一先生的指导下完成的。先生鼓励我继续沿着这条路走下去，并说："学也无涯，只有躬身耕耘者才会获得丰收。"恩师的话成为我坚持不懈的动力。几年下来，虽然越来越感觉到汉画像石研究的难度之大，但却从未放弃过努力。本书只是在已有研究成果的基础上，试图作一下梳理鉴赏工作，也力争把自己近年来对画像石艺术的一些看法融入其中。不当之处，请方家朋友批评指正。

该书的完成，要感谢南京师范大学倪建林先生的督促和帮助，感谢西南师大出版社诸位先生的无私奉献，也感谢我的家人朋友给我的无尽支持。

刘宗超

于东京

图书在版编目(CIP)数据

画像石艺术:砖石精神/刘宗超著. —重庆:西南师范大学出版社,2009.8

ISBN 978-7-5621-4555-4

Ⅰ.画… Ⅱ.刘… Ⅲ.画像石—鉴赏—中国—汉代 Ⅳ.K879.42

中国版本图书馆 CIP 数据核字(2009)第 111991 号

中华传统艺术教育系列

主编 倪建林

画像石艺术:砖石精神

著者 刘宗超

出版人 周安平

策划 李远毅 王 煤

责任编辑 王 煤 李 俊

特约编辑 杨 茂

封面设计 见 林 梅木子

版式设计 王 煤

出版发行 西南师范大学出版社

网址 www.xscbs.com

中国·重庆·西南大学校内

邮编 400715

经销 新华书店

制版 重庆市金雅迪彩色印刷有限公司

印刷 重庆康豪彩印有限公司

开本 889mm×1194mm 1/16

印张 7.25

字数 209 千字

版次 2009 年 8 月第 1 版

印次 2009 年 8 月第 1 次印刷

书号 ISBN 978-7-5621-4555-4

定价 46.00 元